老いた家　衰えぬ街

住まいを終活する

野澤千絵

講談社現代新書

2504

はじめに

「空き家」もいろいろ

所有者が鍵を失くして誰も入れない
家の中に猫や狸の死骸が散乱
相続人が増えすぎて手が付けられない
相続人全員から相続放棄されている
所有者が認知症で意思確認ができず誰も手を出せない
放火されたまま放置されゴミの不法投棄が絶えない
建てられた当初から登記すらされていない
そこで孤独死した人がいる分譲マンションの空き住戸
相続放棄で管理費滞納が積み上がる分譲マンションの空き住戸
……etc.

写真0-1　焼けた放置空き家へのゴミ不法投棄（筆者撮影）

写真0-2　崩壊した荒廃空き家（筆者撮影）

これらはすべて、私が実際に出会った「空き家」たちです。こうした「**問題空き家**」に対しては、「ここまで放置する所有者がけしからん！」といった批判的なまなざしが多く投げかけられるかもしれません。

しかし、空き家の実態をよく調べていくと、所有者自身、対応したくても対応が難しいケースが非常に多く、所有者だけを責めるのは酷ではないかということに気づかされます。所有者が高齢で資金的に困窮している、所有者が判断を下すことが困難である、相続人同士で意見がまとまらない、何代も続いた相続未登記で所有者多数となり身動きが取れない、など、様々な理由があるからです。

このように、「空き家問題」は非常に複雑化・多様化しており、単純にひとくくりにまとめて論じていても、一向に解決できないことがわかってきました。

空き家問題が社会的な関心事になってきたこともあり、国や自治体によって、空き家への様々な対応策が進められています。2015年2月には、空家等対策特別措置法（以下、空家法）[*1]が施行され、地域の安全・衛生・生活環境・景観などに著しく悪影響を与えている空き家に対して、公的な措置を講じられるようになりました。また、ほとんどの市町村で、空き家を担当する係や課が設けられるようにもなりました。

しかし、財産権が強い日本では、読者の方々が想定されるよりも相当ひどく荒廃した状態で、かつ通学路に面しているなど、緊急性が高い空き家にしか対応できていないのが現状です。このまま放置されると、地域に悪影響を及ぼす「荒廃空き家」になりそうな予備軍に対しても、市町村は、所有者の連絡先を調べて、適正な維持管理や是正をお願いするといった対症療法的な対応しかできていません。

同時多発する「問題先送り空き家」

野村総合研究所によると、このまま空き家の除却や他の用途への有効活用が進まなければ、２０１３年に約８２０万戸だった空き家が、２０３３年には約２１５０万戸になり、**３戸に１戸が空き家**という将来がもうすぐやってくることが予測されています。[1]

ではそもそも、なぜこんなにも空き家が増えるのでしょうか？

それはまず、**実家の相続をきっかけに空き家化する**ことが多いからです。先祖代々の土地や家を相続し、実家に住むことが前提とされた一昔前と異なり、核家族化が進行した現代では、子供世代は実家を離れ、それぞれ自分の家を持っていることが多く、相続した実家に住むというケースは少なくなっています。就職や結婚などで、**実家には戻らないと決めたときから、実家の空き家化は始まっている**わけです。

相続が発生した段階で、すぐに実家の売却や賃貸化といった何らかのアクションを起こせばよいのですが、ずっと受け継がれてきた仏壇もあるし、遺品の整理をする必要もあるし、処分というとなんとなく後ろめたいし……と心の整理もつかず、「今はそんなに困っているわけではないし、とりあえず置いておこう」というケースが多く見られます。

また、自分の家や土地にはまだまだ資産価値があると信じて疑わず、「保有しておけば、いずれ値上がりするだろう」と期待して頑なに持ち続けているケースも（特に高度経済成長期を生きてきた世代に）あります。さらに、誰が実家を相続するのか結論が出なかったり、どのように財産を分けるのか意見がまとまらないために、とりあえず相続人で実家を共有してお茶を濁すケースもあります。こうした状況は、自分の実家だけでなく、配偶者の実家、それぞれの父方・母方の実家で同時多発的に生じます。

そこで本書では、「相続後にとりあえず置いておく空き家」を、「**問題先送り空き家**」と呼ぶことにします。

4戸に1戸がすでに「空き家予備軍」

さて、２０２５年には団塊世代が75歳以上となり、全国民に占める割合が20％近くにまで一気に膨れ上がると予測されています。

なんと、**国民の５人に１人が、75歳以上になる**という計算です。

さらに、1年あたりの死亡者数を見ると、２０１５年は約１２９万人ですが、２０４０年には１６８万人になると予測[2]されています。これは、毎年、政令指定都市が一つずつ消滅してゆくほどの規模に相当します。高齢世帯が持っていた住まいの相続が増えていくことは確実です。まさに、日本では大量相続時代が目前に迫っているのです。

他方、内閣府の「平成28年高齢者の経済・生活環境に関する調査」によると、現在の住まい（持ち家）の将来的な予定について、回答した高齢者のみの世帯の59％が「家族や親族が相続するが居住予定なし」「わからない」「特に考えていない」と答えています。

ここからもわかるように、現在、高齢者のみの住まいは、相続を機に空き家になる可能性があり、まさしく「**空き家予備軍**」と捉えることができます。筆者の試算[*2]では、「空き家予備軍」は、戸建てだけでも全国で約７２０万戸（戸建て総数の25・2％）にものぼっています（第1章で詳述）。

要するに、戸建ての4戸に1戸がすでに「空き家予備軍」なのです。放置された荒廃空き家をどうするかといった問題も大事ですが、今こそ、もうこれ以上「問題先送り空き家」を生み出さないという「空き家の予防策」に軸足を移すべき時期ではないでしょうか。

今後、同時多発的に空き家が大量に発生すると、市町村が適切に対応できるとは到底思えません。まだ空き家の数が少ない今だからこそ、「問題先送り空き家」を生み出さないよう備えておかなければ、絶対にいけないのです。

空き家を持つコストはこんなにある

ところで、もしあなたが空き家を所有するとなると、どのようなコストや重荷を背負うことになるのでしょうか？

戸建ての場合、維持管理にかかる費用負担として、土地・建物の固定資産税、庭木等の伐採費、空き家を定期的に見に行くための往復交通費などが必要になります。台風・大雨・大雪などで偶発的に屋根や外壁がはがれてしまうと、その修繕費もかかってきます。固定資産税・庭木の剪定（年1回）・偶発的な修繕費を合わせると、空き家の大きさや立地にもよりますが、交通費を除いても、年間10万〜30万円は最低でも必要になってきます。

また、空き家が近隣住民に迷惑をかけていないか、放火されないか、不審者や動物が棲みついたりしないかを心配するという精神的な負担もつきまといます。万が一、荒廃した空き家の屋根の瓦や外壁が落下したり、塀が倒れて、通行人に怪我をさせてしまったりした場合には、損害賠償を請求されるリスクもあります。

さらに、空き家の荒廃が進むと、自治体から適正に管理するよう求められる可能性が出てきます。この連絡を受けても改善せず、地域住民の生命、財産、生活環境等に著しく影響を及ぼすおそれがある「特定空家等」[*3]と自治体から認定され、所有者等に対して勧告されると、土地の固定資産税の住宅用地としての軽減措置が適用されなくなり、固定資産税が3～4倍[*4]に跳ね上がります。もし、自治体から危険と判断され、行政代執行という方法で空き家を除却されると、その除却費用は所有者に請求されます。

他方、分譲マンションで空き住戸となる場合、**戸建てに比べて保有コストの負担が重いケースが多くなります**。分譲マンションでは、土地・建物の固定資産税に加え、管理費や修繕積立金が必要になるためです。特に、老いたマンションほど、修繕などを行う箇所・頻度も増えるため、修繕積立金が高くなる傾向があります。空き住戸を保有していると、物件にもよりますが、誰も住まないのに少なくとも月3万円程度[*5]の支出を覚悟しなくてはいけません。つまり、保有しているだけで、固定資産税を含め、1年間で40万円程度、5年で200万円程度も負担しなくてはいけなくなります。

このように、戸建てでもマンションでも、保有コストがじわじわと所有者の家計を苦しめ、その間にも空き家はどんどん老朽化し、ますます売却可能性が下がり、相続人の中に他界する人が出てきてさらに処分の合意がとれにくくなり、残ったままの空き家が周辺に悪影響を及ぼし続ける……という最悪のシナリオに発展していくのです。

相続放棄はまわりまわっていく

「実家を相続すると、そんなに重荷やコストがかかるなら、いっそのこと**相続放棄**してしまえば良いのでは？」と思われる方もいると思います。

相続放棄とは、プラスの財産もマイナスの財産（借金など）も、被相続人が残した遺産のすべてを受け取らないとするものです。今後、相続財産の中に、預貯金がほとんど残っておらず、売れそうにない実家だけが残されているような場合には、相続放棄を選択する人が増える可能性があります。知り合いの司法書士からも、最近、「とにかく不動産を手放したい」という理由で相続放棄の相談が増えているという声を聞きます。

しかし、**相続放棄をしても、相続した空き家に対して、直ちに何の責任もなくなるというわけではありません**。「相続の放棄をした者は、その放棄によって相続人となった者が相続財産の管理を始めることができるまで、自己の財産におけるのと同一の注意をもって、その財産の管理を継続しなければならない」（民法９４０条）と定められており、強風で屋根瓦が吹き飛んで通行人に怪我をさせてしまうといった事故が起きた場合、法的責任を追及される可能性もでてきます。

また、あまり一般的に意識されていないのですが、先順位の法定相続人が相続放棄をすると、相続権は、後の順位の法定相続人へと移っていきます。

例えば、実家を所有していた父が亡くなり、その後、母も亡くなった時、貯金などの遺産もそれほど無いし、遺産の中にある負動産[*6]の実家を相続して固定資産税や管理コストを払い続ける負担から逃れたいと、第1順位の相続人である自分や自分の兄弟姉妹が全員、相続放棄するとしましょう。

そうすると、相続権は、第2順位の祖父母や第3順位の母の兄弟姉妹等に移ります。祖父母や母の兄弟姉妹がすでに他界していると、代襲相続[*7]により、最終的に、母の兄弟姉妹の子（自分から見ると従兄妹）に相続権が移っていくのです。そして、母の兄弟姉妹、もしくはその子（自分から見ると従兄妹）が全員、相続放棄すると、そこで法的に「相続人不存在」という状態になります。しかし、実際に、先順位の相続人による相続放棄で相続権がまわってきた際に、知識不足のせいで、荒廃した空き家を相続してしまい、対応に苦慮されている、いわば「**相続放棄からの逃げ遅れ**」も発生しています。

つまり、自分が実家を相続放棄すると、まわりまわって、親戚にまで迷惑をかけてしまいかねないのです。逆に、従兄妹が実家を相続放棄すると、自分にもその家の相続権がまわってくるという恐ろしい事態も想定されるのです。

また、「相続人全員で相続放棄をすれば、その不動産は自動的に国のものになる（国庫に帰属する）のでは？」と思われる方も多いと思います。しかし、国庫に帰属するには、利害関係人等が予納金（一般的には100万円程度）を支払い、家庭裁判所に相続財産管理人の選任申し立てが必要です。しかし、そもそも相続放棄をされた物件は負動産が多いため、予納金を出してまでこうした対応がなされることはほとんどありません。

ですから、相続人全員から相続放棄をされた空き家は、そのまま塩漬け状態で放置され、時と共に荒廃の一途をたどり、そのうち、通行人などに危険を及ぼす状態になってきます。そして、結局、市町村が税金を使って解体せざるを得なくなっていくのです。

相続放棄される空き家が増えていくという事態は、将来の税負担を増やしていることに他ならず、その地域全体にも悪影響を与えるということに他なりません（第2章で詳述）。

『老いる家　崩れる街』の後で

私は、都市計画の研究者という立場から、2016年11月、『老いる家　崩れる街―住宅過剰社会の末路』（講談社現代新書）を上梓《じょうし》しました。「世帯数を大幅に超えた住宅がすでにあり、空き家が右肩上がりに増えているにもかかわらず、将来世代への深刻な影響を見過ごし、居住地を焼畑的に広げながら、大量に住宅をつくり続ける社会」のことを「**住宅過剰社会**」と名付け、主として法制度が抱える構造的な問題を提起しました。

拙著をきっかけに出会った方々から、「実は自分も空き家で困っているんです」「もう引き継がない実家をどうすればよいでしょうか？」と相談されることが多く、住まいをどうするかがこんなにもたくさんの人の心配事になっていることを実感しました。

確かに、時代の変化やニーズに合わせて法制度を国や自治体が見直していくことも大事ですが、将来、「老いる家」「崩れるまち」になるリスクを回避するために、私たち一人ひとりが一体、何をすべきなのかということを、具体的な道筋として提示すべきではないかという思いに駆られるようになったのです。

そんな思いを抱きつつ、全国各地の様々な問題空き家や海外事例を調査したり（第3章）、実際に「空き家トリアージ」（第4章）なるものを試行してきた中で、今最も求められるのは、私たち一人ひとりが老いる家の終末期について「問題を先送りにしない」こと、それが最終的にみんなが救われることにつながるということを痛感するようになりました。

今後、大量相続時代を迎える中で、空き家が発生する可能性が高いということが既にわかっているのですから、これ以上、「問題先送り空き家」を生み出さない、いわば、空き家の「予防策」が最重要課題であるということに行きついたのです。

「住まいの終活」のススメ

では、空き家の予防策には何が必要なのでしょうか？

それは、**「住まいの終活」が一般的に世の中で定着すること**です。

本書では、「住まいの終活」を次のように定義しました。

相続が発生する前から、所有者やその相続予定者が、住まいに関わる様々な情報を整理・共有し、相続発生後の選択肢を考え、そのために安心して相談できる人的なつながりをつくっておくなど、住まいを円滑に「責任ある所有者・利用者」へ引き継ぐための一連の活動

「終活」と聞くと、主に高齢の方が人生の終わりを迎えるにあたって、自分の人生を総括する活動をイメージされると思います。ですが、「住まいの終活」をする主体は、年齢に関係なく、住まいの所有者やいずれ相続人になる家族等です。

つまり、**「住まいの終活」は、すべての人に関係してくる活動なのです。**

現に住まいをお持ちの方やいずれ相続人になる家族等の中には、まだまだ少数派ですが、次の世代に迷惑をかけたくないという思いから、「住まいの終活」を行動に移している人も出始めています。

加えて、都市計画の専門家として、是非とも知っていただきたい視点があります。それは、住まいの終活の在り様が、まちや都市全体の行く末を左右するということです。

今後、日本は、まるでジェットコースターのような勢いで、人口が減少していきます。100年後の総人口は5055万人と、現在の約4割にまで減少すると予測され、世帯数も2023年頃から減少することが予測されています。(2)

相続を機にした「問題先送り空き家」が大量に発生し、住まいやその土地が次の所有者・利用者にバトンタッチされなければ、これまで税金を使って公共施設やインフラを整えてきたまちは、空き家・空き地がまだら状に点在しながら衰退し、その魅力や価値までも低下させる危険性があります。これは、地方都市や大都市の超郊外住宅地だけでなく、大都市でも同様の問題を抱えています。

その結果、人口減少や地価の下落による税収減で、救急医療、警察の緊急対応、水道の供給、道路の維持管理、ゴミ回収といった行政サービスの提供がこれまでのようにはいかなくなったり、あるいは料金や税率を上げなければ公的サービスが成り立たなくなることが懸念されます。

さらに、スーパーマーケットなどの生活に必要な施設も撤退し、更に遠くまで行かなければ食料品を確保できないような暮らしが待っています。特に、働き手となる生産年齢人口（15〜64歳）が、7728万人（2015年）から約23％減の5978万人（2040年）にまで減少することが予測されています。(2) そのため、自動運転やAI技術が進展したとしても、担い手不足で宅配、訪問介護、在宅医療といった民間サービスの提供が維持できなくなる危険性があるのです。

国や自治体が都市計画として将来ビジョンや新しい制度をつくっても、問題先送りで放置、所有者が多数・不明・連絡がとれない、相続放棄、などによる空き家や空き地があるような都市の状態では、実効性が上がらないのです。つまり、都市を持続的に更新するための基本的な「素地」から整えていかなければいけない時代になったと言えるでしょう。**日本は、今、人口が減少しても持続可能なまちへと作り変えていくために、とても重要な時期に突入しています。**

私たち一人ひとりが「住まいの終活」をすることは、今あるまちに新たな所有者・利用者が流入できる「素地」をつくることに他なりません。そのことが結果として、まちの世代交代を促し、ひいては次世代にとっても引き継ぎたいと思えるような「衰えぬ街」の価値を生み出すことにつながっていくのです。

「住まいの終活ノート」の活用方法

こうした問題意識のもと、すでに空き家になっている問題ばかりに目をむけるのではなく、今後の大量相続時代がくる前に、一人ひとりが「住まいの終活」へと具体的に動き出すきっかけになればと思い、本書を書くことを決心しました。

第1章では、空き家問題の概論として、「問題先送り空き家」の根深さについて、具体例を挙げながら紹介します。続く第2章では、今後も増加の一途をたどりかねない相続放棄問題の実態や売却困難物件の相続放棄問題を明らかにしていきます。

第3章では、デトロイト市のランドバンク事業の仕組みや、新規の住宅需要が見込めない中で空き地を「使う」ための取り組みなど、日本が学ぶべき点を紹介します。第4章では、今後、特に問題になる民間市場の流通性が低い物件・エリアでの空き家・空き地の活用を支援している先進事例を紹介し、地域には様々なニーズが眠っていることを示します。

そして第5章では、本書に添付した「**住まいの終活《エンディング》ノート**」を参考にしながら、戸建ての場合とマンションの場合にわけて、住まいの終活に向けて情報収集しておくべき内容についてまとめました。

とはいえ、「住まいの終活」について考えるべきだと頭ではわかっていても、（私も含めて）なかなか心の整理がつかない方も多いと思います。

そこでまずは、本書に添付した「住まいの終活ノート」の中に、次世代へ引き継ぎたい住まいの思い出を是非とも記録として残してほしいと思います。将来、住まいが誰かの手に渡ったり、解体されて物理的に無くなったりしても、「住まいの終活ノート」の中で、その思い出を家族へ引き継いでいく一助になればと思っています。

また、「住まいの終活ノート」には、整理しておくべき情報をチェックシート形式でリスト化しています。思い出をたどりながら、一つ一つ情報を整理していく中で、「住まいの終活」へと踏み出して頂ければと願っています。[*8]

ただし、私が危惧していることが二つあります。

それはまず、本書を読んでくださった相続する世代が、親の住まいの情報を根掘り葉掘り聞くことで、「相続で実家を取ろうとしている」とか、「親が死ぬのを待っているのか」などと、人間関係を壊してしまわないかということです。できれば、現在の住まいの所有者のほうから、住まいの終活に取り組もうとお声がけしていただけたらと思います。

また、本書の住まいの終活は、相続が発生する「前」の段階から、住まいを次の所有者・利用者へスムーズに引き継げるように条件整備をしていこうという考え方に立っています。決して、ご高齢の親が暮らす住まいを一刻も早く処分したほうがよいという考え方ではありません。単に経済的な視点だけで、子供世代が、親を住み慣れた住まいから住み替えをさせるべきといった「誤読」だけは絶対にしないよう、切にお願いします。

「はじめに」補注

＊1　本書の「空き家」の記載は、法律用語として使用する場合は「空家」とする。

＊2　総務省「平成25年住宅・土地統計調査」に基づく。

＊3　「特定空家等」とは、そのまま放置すれば倒壊等著しく保安上危険となるおそれのある状態又は著しく衛生上有害となるおそれのある状態、適切な管理が行われていないことにより著しく景観を損なっている状態、その他周辺の生活環境の保全を図るために放置することが不適切である状態にあると認められる空家等をいう。

＊4　住宅用地には、固定資産税の軽減措置があり、課税標準額は、２００㎡以下の住宅用地では評価額の6分の1、２００㎡を超える部分は3分の1に減額される。しかし、空家法に基づき「特定空家等」に認定され、是正指導・助言に従わない土地は、こうした軽減措置の対象から除外される。空き家解体後の非住宅用地も負担調整措置により評価額の7割を上限に減額して計算されるため、固定資産税は実質3～4倍になるとされている。

＊5　国土交通省「平成25年度マンション総合調査」によると、築45年以上のマンションの管理費の月平均は1万５２５７円／戸、修繕積立金の月平均は1万５２１２円／戸とされている。

＊6　本書における「負動産」とは、民間市場での流通性が低い不動産のことを指す。

＊7　代襲相続とは、本来の相続人が他界している場合に、その子（または孫など）が代わりに相続するもの。

＊8　本書で対象としている空き家・空き地は、都市的な区域（都市計画法の都市計画区域相当）である。また、本書で記載している法制度は２０１８年9月時点のものであり、今後、法改正や自治体の制度の見直し等がある場合がある。

「はじめに」引用文献

（1）野村総合研究所 News Release、２０１５年6月22日

（2）国立社会保障・人口問題研究所「日本の将来推計人口（平成29年推計）・出生中位（死亡中位）」、『日本の世帯数の将来推計（全国推計）』（２０１８〔平成30〕年推計）」

目　次

第1章　国民病としての「問題先送り」症候群

1．「問題先送り空き家」の実態

苦情が絶えない空き家の典型

とある県庁所在地の住商混在地域（市街化区域）にある、空き家。

その所有者の山田良子さん（70代女性・仮名）に見せてもらう機会がありました。

この空き家は、1970年代に建築された2階建ての戸建て（敷地面積約100㎡）です。外壁やバルコニーが崩壊し始め、むき出しになった内部の木材や釘が飛び出しており、強風が吹けば、通行人や隣地居住者に危害を及ぼしかねません。実際、近隣からも役所に苦情の電話が何度も寄せられているとのことでした。

道路に面した庭には、シュロの大きな葉が広がり、こうした草木の根が花壇の土台として積まれたレンガを押し出し、今にも道路側にはがれ落ちそうな状態になっています。

玄関を入ると、こたつやテレビといった家財道具や仏壇が残されており、1997年のカレンダーがかかっていたので、20年以上は空き家の状態だったと考えられます。

建物内部には雨水が浸入した形跡があり、梁や柱の木材も腐りはじめていました。床や階段も抜け落ちており、建物の奥や2階に行くことも危険な状態です。現段階では、空家法でいう特定空家の認定までには至らないと思われますが、このまま放置すると、いずれ特定空家になってしまう、まさに「**特定空家予備軍**」といえる状態でした。

「こんな危険な状態を放置しておく所有者はけしからん！」「何とか対応するように行政からもっと強く指導すべし」と声をあげたくなる人も多いでしょう。

しかし、この空き家は、山田さんにとっては、幼いころに数回しか来たことがない父親の実家（つまり、山田さんから見ると祖父母の家）なのです。今から35年ほど前、祖母が他界し、その後、しばらく父親がこの実家に住んでいたそうですが、その父親が他界したことから、やむを得ず山田さんが20年ほど前に相続することになったのです。

山田さん自身、結婚して遠方に住んでいることもあり、祖母の家であるこの空き家を何とかしなければと常々思いながらも、日々の生活に追われ、あっという間に20年以上が経過して、山田さん自身も70代になってしまったそうです。

20年以上の放置は珍しくない

空き家の中を見せてもらったとき、山田さんは、この「老いた家」のものと思われる鍵を複数持っていたものの、どれが玄関の鍵かわからず、その中の鍵を一つずつ試して、やっと玄関を開けることができました。

「私ももう70代だから、今後自分が死んだとき、この空き家を相続することになる子供たちに迷惑をかけたくありません。ただ、今は細々と年金生活をしているため、『費用をかけず』にこれを手放したいのですが……どうしていいやらわからず困っています」

読者の中にも、山田さんのようにこう嘆く方もいらっしゃるのではないでしょうか。

山田さんがこの空き家を相続した20年前、つまり、50代のまだまだ元気な段階で、民間の不動産会社などに依頼していれば、おそらく中古住宅として売却できた可能性もあったでしょう。しかし、すでに20年以上も放置し、荒廃してしまった建物状態では、解体する以外の選択肢がほぼなくなってしまったのです。

実は、こうした「20年」以上も空き家を放置するケースは、山田さんが特別なのではありません。市町村の空き家担当課の職員や不動産の専門家は、「最近相談がある空き家は、まるで法則のように20年ほど前に相続したものが多い」と口を揃えます。

空き家の所有者が高齢化し、自身の終活として資産の相続について考え始めるタイミングが、実家を相続してから20年ほど経過した時期と重なることが多いからと思われます。

山田さんにとっては、空き家の解体費・遺品整理費（おそらく250万円程度）をどう工面するかがハードルになります。空き家を解体し、その土地がすぐに売れれば良いのですが、更地にしても売れない場合、固定資産税が現在の3～4倍になってしまいます。

つまり、**所有者の「老い」が進行するにつれ、「老いた家」の処分にかかる費用への「負担感」「負担度合い」も増していく**わけです。その結果、さらなる「問題先送り」に向かいかねません。

ちなみに、周辺の同じような条件の土地の取引価格[1]（２０１７年）は一坪７・７万円ですので、これと同様に取引できたとして２００万～２５０万円程度です。

エリアの衰退化も進んでおり、駅からは徒歩圏内ですが、同じ道路沿いにも「売地」の看板がある空き地や青空駐車場が多く、民間市場での流通性は低い状況にあります。

売るに売れず、貸すに貸せず

考えられる最善の解決方策は、隣接した敷地の所有者や近隣住民等に、解体費相当程度で売却することです。

しかし、それが難しい場合、荒廃した空き家が地域で迷惑をかけないよう、山田さんが何とか費用を捻出して解体したうえで、時間をかけて、低額（あるいは無償）で隣地や近隣の住民への売却か賃貸を模索していく以外ありません。

片方の隣接敷地もすでに空き家なので、隣の空き家も一緒に解体し、隣地と統合して駐車場が２台分確保できる広い土地として売り出すという手もあるかもしれません。ですが、山田さんはここに住んだこともないわけですから、隣地の空き家の所有者の連絡先も知らないため交渉しようがありません。こうしたことをサポートしてくれそうな地元不動産やまちづくりNPO（特定非営利活動）法人も、残念ながら、このエリアではすぐには見当たりません。

もし、どう頑張っても、売るに売れず、貸すに貸せないという場合には、空き地に草木が繁茂しないように、また、不法投棄をされないように管理しながら、空き家の時よりも3〜4倍になる空き地の固定資産税を払い続けることになるため、なかなか空き家を解体する方向には向かいません。

「こうした土地を自治体に寄付できればよいのでは？」とも思われがちですが、一般的に自治体は政策的に明確な使用目的のない不動産の寄付を受け付けることはありません。

そのため、結局、このまま放置→さらに相続が発生→現在の所有者の子供世代もこのまま放置（あるいは、相続放棄）→さらに空き家の荒廃が進み、特定空家化→危険性が増し、最終的に公費解体（代執行）せざるを得ない→そのときには解体費用回収不能という流れになることが容易に想像されるのです。

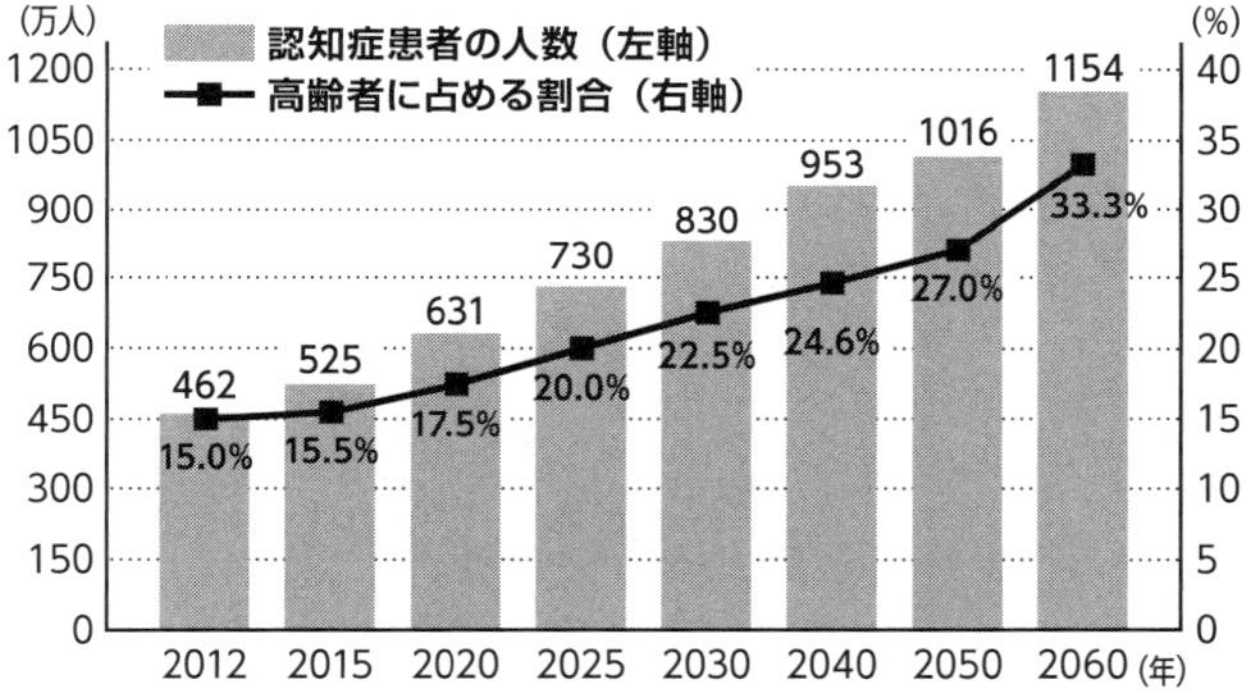

図表1-1　日本における認知症患者の人数の将来推計
二宮利治「日本における認知症の高齢者人口の将来推計に関する研究　総括研究報告書」（平成26年度厚生労働科学研究費補助金）から、認知症患者数と有病率の将来推計のうち、各年齢の認知症有病率が糖尿病有病率の増加により上昇すると仮定した場合の将来推計をもとに作成

認知症になったらどうなる？

ところで、もし親が認知症になった場合、施設に入ってもらい、実家を売って介護費用に充てようと思っている方もいるかもしれません。

しかし、**親が認知症になり意思判断能力を喪失してしまった場合、たとえ子供であっても勝手に実家を売ることも貸すこともできなくなるのです。**

認知症といっても、軽度から重度まで様々ですが、「日本における認知症の高齢者人口の将来推計に関する研究」[2]によれば、２０２５年には65歳以上の５人に１人、２０６０年には65歳以上の３人に１人が認知症を発症すると推計されています（図表１－１）。

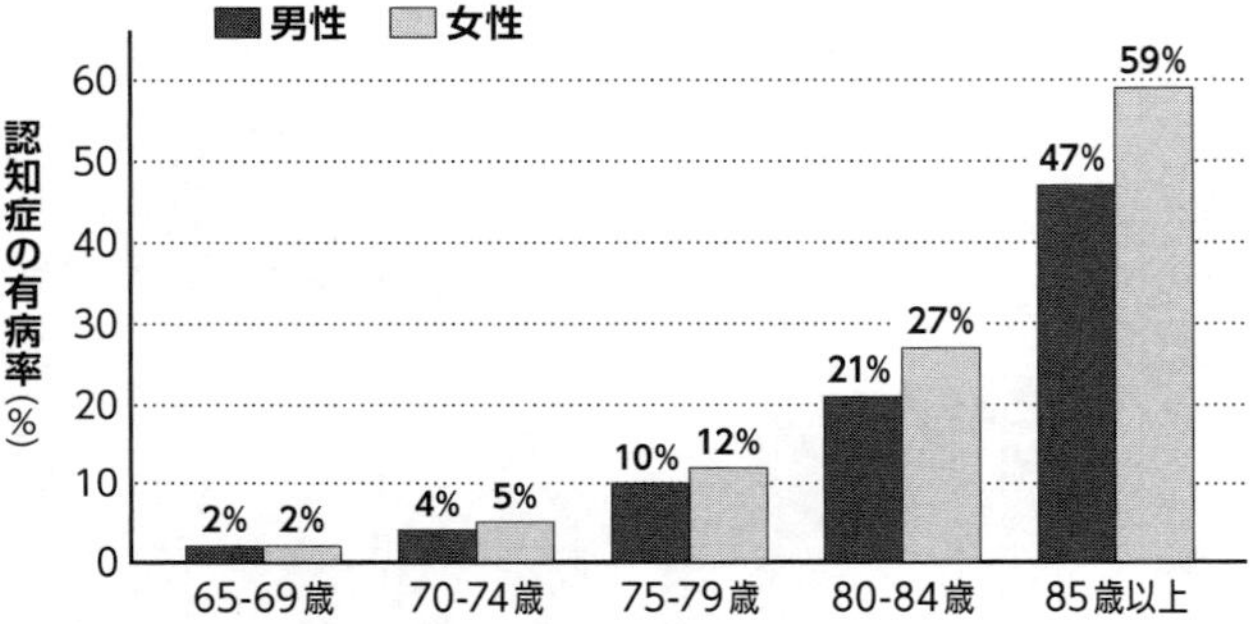

図表1-2　年齢別の認知症患者の割合（推定）
二宮利治「日本における認知症の高齢者人口の将来推計に関する研究　総括研究報告書」（平成26年度厚生労働科学研究費補助金）において、数学モデルにより推定された2012年の性別・年齢階級別認知症有病率をもとに作成

また、認知症になる方の割合を年齢別に見ると、80歳未満はそれほど多くないのですが、80～84歳になると5人に1人以上が、85歳以上になると男性で47％、女性で59％と一気に跳ね上がると推定されています（図表1－2）。

日本人の平均寿命は、男性で80・98歳、女性で87・14歳と、長寿命化は毎年、過去最高を更新しており（2016年）、認知症はどの家庭にとっても他人事ではないのです。

では、いざ親が認知症になったら、成年後見制度を利用して、弁護士や司法書士に依頼すればよいのではないか、と思われるかもしれませんが、実家などの財産の売却は家庭裁判所の許可が必要になり、一般的には、売るのは難しいと言われています。

その理由は、成年後見制度というのが、認知症など意思判断能力を喪失した人の財産を「守るため」の制度だからです。そのため、親が認知症になった場合、他界するまで実家は空き家のまま放置せざるを得なくなるのです。

私の知り合いの中にも、関西地方に一人で住む高齢の母親を東京に引き取ったのですが、その後、母親が認知症と脳梗塞になったという方がいます。ただ、その方は、母親を東京に引き取ることを決めた段階で、すぐに実家を売却しようとアクションを起こし、無事、隣の家の方に売却できたそうです。その人は私にこう言いました。

「仕事柄、もともと空き家問題に関して知識があったから、すぐに実家の終活へと踏み出せたけれど、もし、とりあえず置いておこうと実家を空き家のままにしていたら、台風やゲリラ豪雨のたびに近所に迷惑をかけてないか、ずっと頭を悩ましていたと思う」

私が、以前、あるまちで出会った中にも、台所の横にある勝手口の扉が吹き飛び、家の中があらわになった、目を疑うような空き家がありました。誰でも簡単に家の中に入れてしまうため、放火されたり、不審者や動物が棲みついてもおかしくなく、治安や衛生面でも近隣に多大な影響を及ぼしている状態でした。

なぜ、こうした状態になっているのかと地域の方に聞いてみると、所有者が、意思判断能力を喪失して施設に入居したため、現時点では誰も手を出せないという問題を抱えていました。ちなみに、この空き家は、建築基準法上の道路に接道していないため、現行法では建て替えが困難な敷地でもあり、所有者が他界された後、相続人が全員、相続放棄をする可能性も考えられます。

このように、そろそろ75歳以上になってくる団塊世代の認知症の発症リスクが、空き家問題にも影響してくるのです。

家族信託はどうか？

では、最近、よく耳にする「**家族信託**」を利用してみてはと思う方もいるでしょう。

「家族信託」とは、信託法に基づく民事信託の一種で、認知症や介護施設への入所などに備え、財産を管理・運用・処分する権利を、信頼できる家族に託す手法です。

例えば、親が認知症で施設に入居し、家族信託を利用して子供が親の財産を管理・運用するという契約を結ぶ場合、子供は、親の実家などの不動産を売って親の介護費を捻出することができるようになります。一般的には、残った売却代金は子供が管理する信託銀行の信託口口座《しんたくくちこうざ》に入れるなどして、親の生活費にあてます。

私自身も予防策として家族信託を利用してみようと、家族信託を得意とする司法書士を探して、相談に行きました。結論から言うと、将来、認知症になるかどうかもわからないのに、親の貯金額を聞き出す必要があったり（信託口口座に実家の維持・管理に必要な費用を移す必要があるため）、費用も思った以上にかかるといったハードルがあり、私の実家のケースでは、不向きだと判断しました。

ちなみに、私が相談した司法書士の場合、司法書士へ支払う報酬は、信託財産の１％（最低35万円）、信託契約書の作成15万円～、信託登記が必要でそのための司法書士の報酬が10万円～となっています。つまり、信託財産の金額の大小にかかわらず、専門家に依頼して家族信託を利用するには、最低でも60万円以上かかるのです。これは、家族信託の内容（スキーム）を決めていくには、家族と司法書士が何度も話し合いを重ねながら、意向を的確にまとめていかねばならず、専門知識と手間・時間が必要になるためです。

さらに、公正証書による信託契約書の作成費用や、登録免許税も必要です。

司法書士からは、「家族信託は親が認知症になってからでは利用できないので、もし、認知症になった場合、何年も成年後見人へ報酬（月額２万円程度）[3]を払うことを考えると決して高くないですよ」と言われました。

家族信託は、専門家に頼らず個人で行うことも可能ですが、それなりに手間や費用が必要になることから、空き家予防策として「一般解」になるのはなかなか難しいのではないかと考えられます。もちろん、各家族や資産の状況によって家族信託が有効なケースもあるため、認知症に備えるための選択肢として家族信託を検討してみてはと思います。

多くの空き家が「問題先送り空き家」

では、現在、すでに空き家を所有する人はどのような意向をお持ちなのでしょうか？

市区町村が今後の空き家の活用意向について、空き家所有者に行ったアンケート調査(4)の結果をなるべく様々な地域性を持った自治体について整理してみると、東京都練馬区以外はいずれも、「売却したい」よりも、「現状のまま」「特に決めていない」「わからない」と回答した空き家所有者の割合が多くなっています（図表1－3）。

この結果から、既に空き家になっている場合も、とりあえず置いてある＝「問題先送り空き家化」の傾向が如実に表れていることがわかります。おそらく、こうした空き家の中には、遺産分割協議や相続未登記といった手続き自体の「問題先送り」も多く含まれていると考えられ、現在の所有者が他界すると、相続人がねずみ算式に増えていき……ますます大変な事態に発展していくことになりかねません。

市町村の空き家対策担当の方々からは、「空き家への対応は、現在の所有者が他界すると、相続人の探索や連絡先の調査の手間・時間がさらにかかってくるし、これまで所有者とやりとりしてきた経緯を相続人が何も知らされていない場合も多いため、とにかく早めに手を打たないと、これまで進めてきた作業が御破算になる……」と、愚痴ともとれ

	犬山市（愛知県）	毛呂山町（埼玉県）	伊勢崎市（群馬県）	奥州市（岩手県）	気仙沼市（宮城県）	福山市（広島県）	茨木市（大阪府）	練馬区（東京都）
「現状のまま」「特に決めていない」「わからない」	54.2%	46.6%	45.0%	39.3%	39.0%	31.9%	30.3%	19.5%
売却したい(注)	45.7%	30.0%	31.5%	20.3%	15.0%	18.3%	24.5%	27.3%

図表1-3　空き家所有者の今後の空き家の活用意向
出典：各市区町村の「空家等対策計画」(4)や空き家実態調査に記載された空き家所有者へのアンケート調査（複数回答）に基づく
（注：犬山市は「売却か取壊しを検討」、伊勢崎市は「賃貸」も含む）

る発言もよく聞きます。

さらに、問題先送り空き家については、空き家を売ったり、貸したり、解体する場合に、「鍵がない！」という事態も起こっています。

あるまちでは親戚も鍵を持っていないという空き家を解体するために、家の中の調査をしなくてはいけない場合、まずは近くの理髪店や美容院に聞き込みにいくそうです。

なぜだか、わかりますか？

理髪店や美容院は、日中ずっと開いていることもあり、そのまちでは住民の溜まり場になっており、自分に何かあったときに対応してほしいと、もともとの所有者（故人）が生前に鍵を預けているケースが結構あるのだそうです。その他にも、地域のコミュニティ団体に、空き家を買いたい人が中を見たいという時に対応してほしいと空き家の鍵を預けているところもあります。

相続というのは法律的なつながりですが、鍵というのは、その地域ならではの人間的なつながりを色濃く反映していて、常に着目すべきアイテムなのです。

シュロの木の謎

鍵以外にももう一つ、空き家問題として着目すべき意外な「アイテム」があります。

全国各地のいろいろなまちにある空き家の現地調査を進めているとき、ふと、ある傾向に気が付いたのです。それは、空き家の敷地に、写真1－1のような南国風の樹木である**シュロ**が生えていることが多いということです。実は、私自身、いろいろなまちを歩くたびにシュロが気になって仕方なくなっています。

自治体の空き家担当課の方々に、「空き家の庭って、シュロが植えられていることが多くないですか？」と聞くと、「同感！」といった感じで大きくうなずいてくれることが多いのです。笑い話のようですが、自治体の空き家担当課の方々が、苦情の対象となっている空き家の現場確認にいく際、遠いところからでも、屋根を越すような高く伸びたシュロの木が見えたら、「たぶん、あそこだな」と目印にしているそうです。

シュロの木が多い埼玉県内のまちの農家の方に、なぜシュロが多いのかをお伺いすると、「物資が少ない戦中や戦後に、たわしやほうきになるシュロを生活の糧として植えていた」

と教えてくれました。当時、水路で鎌や鍬をシュロの毛で洗ったり、家や納屋の蜘蛛の巣をシュロの毛で取るなど、何かと便利に使えるため、地域でシュロの種を分け合っていたそうです。シュロはその花言葉のとおり「不変の友情」を表していたと言えるかもしれません。

時代とともに、使う農具は鍬からトラクターとなり、掃除用具もほうきから掃除機になり、次第にシュロは役目を終えていったわけです。しかし、古くからあるまちだけでなく、高度経済成長期に開発された住宅団地にもシュロが多く植えられているところがあります。

写真1-1　高く伸びた空き家のシュロの木
（2016年10月筆者撮影）

都市鑑賞者の内海慶一氏が書かれた「シュロ景」(5)によると、1960〜1970年代の日本で、ハワイ人気を含む南国ブームが起き、当時の新居の庭に、どことなく南国情緒を感じられるシュロを庭木として植えるようになったのではないかというのです。

また、農学の専門家にお伺いすると、「空き家の庭に高くそびえたつシュロの中には、ヒヨドリなどの鳥がシュロの種を運んできて自生し、放置された庭で伸び放題になっているケースもあるかもしれない」ということでした。

少々マニアックな話かもしれませんが、戦中・戦後に生活の糧として、また高度経済成長期に庭木として植えられたシュロが、老いた家の庭に放置されていることが多いという事実は、戦中・戦後、そして、高度経済成長期に建てられた住宅が古くなり、その居住者の高齢化も進行し、近年、空き家化していることを象徴しています。

実際に、様々な市町村の空き家実態調査の結果を見ると、住宅地として開発された時期が古いまちほど高齢化率が高く、かつ、空き家率も高いという傾向が見られます。

2・誰のものかわからない戸建て、分譲マンション

相続人が100人以上のケースも

近年、所有者不明の土地に関わる様々な問題にも注目が集まっています。

所有者不明土地問題はこれまでも、東日本大震災からの復興事業や公共事業での用地取得が難航したことで問題視されてきました。

民間有識者たちでつくられた「所有者不明土地問題研究会」（座長・増田寛也氏）の推計(6)に

よると、所有者不明の土地面積は九州の面積（約368万ha）を上回る約410万haにも上っていることが明らかになりました。そして、高齢者人口の増加に伴う死亡者数の増加や相続意識の希薄化等が進行した場合、2040年には所有者不明土地面積が約1・8倍の約720万haにまで増え、2017～2040年までの経済的損失の累積値は約6兆円にも上ると推計されています。

この研究会では、所有者不明土地を「不動産登記簿等で所有者が直ちに判明しない、又は判明しても所有者に連絡がつかない土地」と定義しています。

では、なぜ所有者不明の土地や空き家が生まれるのでしょうか？

一般的には、空き家や土地の所有者が死亡すると、相続人が相続登記の手続きを行い、不動産登記簿の名義を相続人へと変更することになります。しかし、日本の民法では、所有権移転等の際に登記の移転を義務づけておらず、[*1]相続未登記でも罰則がないため、相続が発生した際に名義変更の手続きを行うかどうかは相続人の判断に委ねられています。

つまり、相続未登記で不動産登記簿上の名義が他界した人のままでも、当面、特に何か困った事態が起きるわけでもありません。また、そもそも最初から登記すらされていない幽霊のような建物すら存在しています。

そのため、相続が発生しても、登記費用も手間も必要になる相続登記の手続きがなされ

権利部（乙区）（所有権以外の権利に関する事項）			
順位番号	登記の目的	受付年月日・受付番号	権利者その他の事項
1	抵当権設定	昭和５年[redacted]	原因　昭和５年[redacted]保証担保による設定 債権額　玄米４等格４斗入１７俵 価格金１９５円５０銭

図表1-4　玄米17俵が抵当権と設定されたままの登記簿（抜粋）

ず、不動産登記簿上の名義人は他界した人のままというケースが多いのです。例えば、戦前からずっと相続未登記状態だった物件に、抵当権として「債権額　玄米17俵　価格金１９５円50銭」が設定されたままの登記簿（図表１－４）もあるほどです。

加えて、相続が発生した際に、遺産分割協議をしておらず、多数の相続人による共有状態となっている場合など、自分が相続人になっていることすら知らない方も多いのです。

こうした状況もあり、時を経るにしたがって、相続人の数がねずみ算式に膨れ上がり、所有者を特定することがますます困難になっていくわけです。

知り合いの弁護士に聞いてみると、実際に、４世代前から相続未登記で相続人が１００人以上に膨れ上がっていたケースを取り扱ったことがあるということでした。

では、私たち一人ひとりの視点から見ると、ここで何が問題なのでしょうか？

相続が発生した際に、相続も未登記のまま共有状態とし、その後、共有者の中に他界する人が出て、さらに相続人が増えてきてしまった場合を考えてみてください。そこで実家を売却したいと思っても、過去にさかのぼって戸籍謄本などで全ての相続人を探索・確定させ、その全員の合意を取り付けなければ売却ができません。そのため、膨大な手間と時間がかかり、せっかくの売却のチャンスを逃してしまう可能性があるのです。

もちろん、こうした作業は素人では難しいため、司法書士や弁護士に依頼する必要があり、その費用も作業のための時間も必要になってきます。

私の実家も相続未登記だった……

お恥ずかしい話なのですが、実はつい最近まで、私の実家も相続未登記だったのです。

「まさかと思うけど、実家は大丈夫だよね？」と母に確認したところ、購入した祖母が他界した後に、母が住む実家のマンションが、なんと相続未登記状態でした。その後すぐに、不動産登記簿の名義を祖母から母へ変更する手続きを司法書士にお願いしました。

私の祖母は他界していることから、まずは祖母の戸籍をたどり、法定相続人が母とその兄弟2名の3名のみであることを確定させなくてはいけませんでした。司法書士が祖母の死亡時から過去へと戸籍をたどっていくと、淡路市→神戸市→金沢市→（中略）→神戸市→山口市→大阪市→三原郡→神戸市と、祖母は戦時中の疎開などで住まいを転々としており、探索作業が非常に大変だったそうです。ただ、これでも祖母が6歳ごろの時期までしかたどれなかったのですが、6歳以前に子供がいる可能性はどう考えてもないということで、やっと法務局で受け付けてもらえるようになったのです。

こうした作業を経て、無事、相続人は3名であることが証明でき、遺産分割協議書への押印（実印）や印鑑証明書の提出を、郵送で母の兄弟たちとやり取りし、母が住むマンションの登記を母の名義へと変更できました。ちなみに、司法書士への依頼・手続き諸経費含む費用は17万円程度かかりました。

しかし、もし未登記状態を放置していた場合、相続人の誰かひとりでも他界してしまうと、その他界した人の法定相続人を探索して確定させ、その方々にも遺産分割協議書への押印や、戸籍謄本・印鑑証明書の提出をお願いしなくてはいけなくなり、さらに手間や時間がかかってくることになります。

「相続人に海外勤務の人がいた場合、こうした書類をどうやって手にいれるのですか？」と司法書士に聞いてみたところ、海外勤務の場合には、印鑑証明書の発行を受けることができないため、在外公館で印鑑証明書に代わる署名証明の発給をしてもらわなければいけなくなるそうです。実は、この署名証明というのは、代理申請や郵便申請はできないもので、相続人にわざわざその国の在外公館に出向いてもらい、領事の面前で署名（および拇印）してもらわなければならないのです。[*2]

今後、グローバル化に伴い、海外勤務なども増えていくことが想定されるので、相続登記をしたくても、実質的に困難なケースも出てくるものと考えられます。

苦悩する自治体

こうした状況は、自治体による空き家対策にも影響を与えています。

2015年5月に全面施行された空家法では、自治体が空家等の所有者情報を把握するために固定資産税情報の内部利用が可能となりました。自治体が収税のために整備している固定資産税課税台帳の情報は、登記簿に所有者として登記されている者だけでなく、所有者が他界した後など、現に所有している者の情報に更新されていることが多く、登記簿と比べると、より所有の実態に沿った情報源だとみなされています。[*3]

私の研究室で行った自治体の空き家担当課へのアンケート調査[*4]によると、回答を得た市区町の77％で所有者不明（相続人不存在含む）の空き家が確認されていました。市区町の特性を詳しく分析すると、大都市部から地方まで、人口規模に関係なく、所有者不明の空き家が確認されているという状況[(7)]でした。

また、「市区町村から空き家実態調査のためにアンケート票を送ろうとした際、どの程度、所有者の連絡先を把握できたか」について訊ねたところ、回答を得た市区町の16％で、「固定資産税の課税情報を利用しても、所有者の連絡先を把握できなかった空き家が1割以上ある」とのことでした。中には、固定資産税の課税情報を使っても、調査した空き家の4割程度も、所有者の連絡先が把握できなかったという市もありました。

このように、固定資産税の課税情報を利用しても、自治体が直ちに空き家所有者へ連絡がとれない現状では、もし空き家が危険な状態になった場合などに改善を要請することすらできなくなってしまいます。

その結果、所有者不明で空き家が放置されることで、著しく腐朽・破損した空き家が地域の生活環境や防犯・防災に悪影響を及ぼしたり、持続的な都市更新に支障が出てきます。そのうえ、固定資産税課税情報を使っても所有者情報を把握できないということは、収税業務にも支障が出る、つまり税収が減少することを意味しています。

アンケートの自由回答には、市区町の空き家担当課の方々の苦悩がうかがえるコメントがたくさん見られました。その一例を紹介します。

「相続登記されていない空き家が多く、相続権者が多数であるために、所有者の探索に手間も時間もかかる」「所有者が海外にいる場合など、所有者調査が困難なケースも多い」「現時点で空き家の固定資産税は、相続人の中の納税代表者等が納税すれば税収上問題はないが、その納税代表者が亡くなった後は収税に支障が出かねない」……

さらに、近年、問題になっているのが、隣地が所有者不明になっている場合、土地の境界線の確定ができずに、土地の売買にも支障をきたしているという点です。

こうした中、政府は、「所有者不明土地等対策の推進に関する基本方針」を決定し（2018年6月1日）、土地所有に関する基本制度や民事基本法制の見直し等の重要課題について、2018年度中に制度改正の具体的方向性を提示したうえで、2020年までに必要な制度改正を実現するとしています。*5

分譲マンションにも所有者不明問題

では、所有者不明問題は、分譲マンションの場合、どうなっているのでしょうか？

国土交通省がマンションの管理組合に対して行ったアンケート調査（2016年）(8)によれば、所在不明者または連絡先不通者が存在すると回答したマンションは、回答を得た全639件中87件（13・6％）にも上るとされています（図表1‐5）。

築年数別では、古いマンションほど、所在不明者または連絡先不通者が発生する割合が高くなっています。マンションや居住者の「老い」が進むにつれ、所在不明者や連絡先不通の住戸も増えていく危険性があることを示しています。

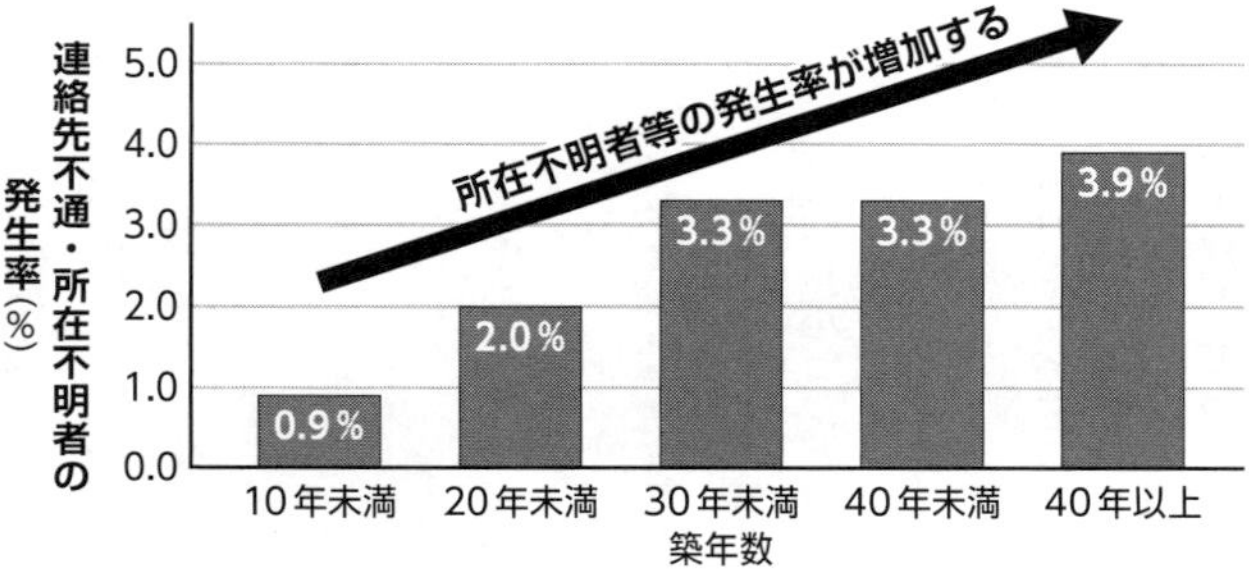

※連絡先不通等または所在不明者が存在するマンションは、全639件中87件(13.6%)

図表1-5　築年数別の、連絡先不通または所在不明者の発生状況
国土交通省住宅局市街地建築課マンション政策室「マンションの再生手法及び合意形成に係る調査」(2016年度調査実施)の、「マンション管理組合に対するアンケート調査(無作為抽出)」をもとに作成

また、同調査で建て替えを実施したマンションの事業者を対象にしたアンケート調査では、「本人確認で苦労したこと、困難だったこと」(複数回答)として最も多かったのが「所有者の相続が未完了の状況での確認」(33・3%)、次いで「連絡が全く取れない区分所有者の確認」(24・4%)、「意思表示が出来ない区分所有者の確認」(20・5%)でした(図表1－6)。

これは、合意形成のハードルが高い建て替え決議ができたマンションを対象にした結果です。なので、管理組合の活動が活発で、かつ自分たちの居住環境や資産を何とかしようという意識が高い区分所有者が多い、いわば優等生のマンションが多かったものと推測できます。

こうした優等生のマンションですら、相続未登記や連絡先不明の住戸が存在して苦労してい

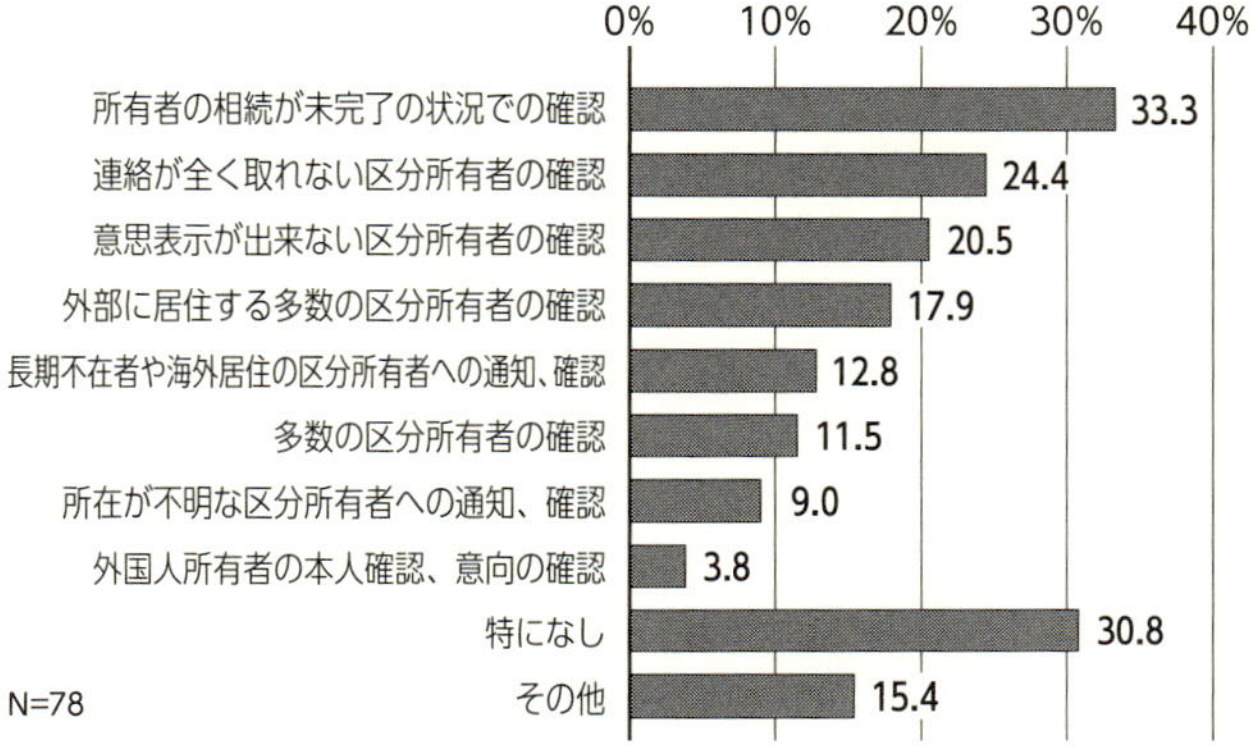

図表1-6 マンション建て替えにあたり、本人確認において苦労・困難だったこと
国土交通省住宅局市街地建築課マンション政策室「マンションの再生手法及び合意形成に係る調査」（2016年度調査実施）の、「建替え実施マンション事業者に対するアンケート調査（複数回答）」をもとに作成

るのです。ということは、一般的なマンションの場合、所有者不明や連絡先不明の住戸の多くで、管理費や修繕積立金の滞納が発生すると、マンション全体の維持管理にも影響が出てくることが危惧されます。

　分譲マンションは、デベロッパーが売りやすくするため、新築当初の管理費や修繕積立金を低く設定しているケースがあります。一般的には、管理費や修繕積立金等の変更は総会の普通決議事項とされていますが、管理規約の中に管理費や修繕積立金等の金額が記載されている場合、それらを変更するためには、管理組合の総会で区分所有者及び議決権の各4分の3以上の多数による集会の決議が必要になってきます。

しかし、こうした決議の際、所有者不明の住戸、相続人全員から相続放棄をされた住戸、認知症で意思判断ができない区分所有者が持っている住戸は、「非賛成」という扱いになります。こうした住戸の区分所有者の数やそれらの専有部分の割合が、マンション全体の4分の1以上になってしまうと、管理規約の改定すらできなくなってしまうのです。

分譲マンションの歴史はまだ浅いため、歴史のある中心市街地や集落、密集市街地などに比べて、何代にもわたって相続が発生しているわけではありませんが、所有者不明問題は、分譲マンションにも蔓延し始めていることがわかります。

3・「空き家予備軍」は大量に控えている

地方別の全国空き家予備軍ランキング

きたるべき大量相続時代に向けて、現時点で高齢者のみの世帯が住む住宅を「**空き家予備軍**」と捉え、空き家発生の予防に向けた取り組みも先送りしてはいけません。

では、現時点で、高齢者のみの世帯が住む住宅＝空き家予備軍は、一体どの程度あるのでしょうか？
総務省住宅・土地統計調査（2013年）のデータに基づいて、持ち家が多い[*6]戸建て住宅を対象に、65歳以上の高齢者のみの世帯が住んでいる住宅数を算出すると、全国の戸建ての空き家予備軍は、約720万戸にものぼっています。戸建て住宅の総戸数に占める高齢者のみ世帯の割合（空き家予備軍率）は、全国平均で25・2％と、すでに戸建て住宅の4軒に1軒が空き家予備軍となっているのです。

国の住宅政策の方針を示す住生活基本計画（全国計画）では、売却用・賃貸用・別荘などを除いた318万戸の「その他空き家」（2013年）を、その12年後の2025年時点で、400万戸程度に抑えるという目標が掲げられています。

しかし、戸建ての空き家予備軍だけで720万戸も存在していますので、既に空き家になった住宅の解体や活用が進んだとしても、大量の空き家予備軍が、中古住宅としての流通や解体に向かわなければ、住生活基本計画として国が掲げた目標の達成が困難になるものと推測されます。

そこで、どのような市区町村に戸建ての空き家予備軍率が高いのかを見るために、ランキング表（2万戸以上の戸建てを有する市区町村を対象）を作成してみました（図表1－7）。

図表1－7のとおり、戸建ての空き家予備軍率が全国で最も高い市区町村は、北九州市門《も》

司《じ》区で38・2%、次いで岩国市37・6%、小樽市37・2%となっています。いずれの市区も人口だけでなく世帯数（国勢調査）も２０１０年から２０１５年で減少しています。

都心に近いエリアに予備軍は多い

地方別に見ると、北海道・東北地方では、北海道の自治体が9位までを占めており、特に旭川市は戸建ての空き家予備軍が2万戸以上と絶対数も多くなっています。中国・四国地方や九州・沖縄地方では、呉市、下関市、尾道市、北九州市門司区・小倉北区など、斜面地に作られた住宅地のあるまちが多く、現時点でも空き家が多くなっていますが、空き家予備軍も多く存在しています。

関東地方、東海・甲信越・北陸地方、近畿地方を見ると、空き家予備軍率が高いまちは、東京都品川区・練馬区・杉並区、名古屋市中村区・千種《ちくさ》区・南区、大阪市東住吉区・住吉区など、**都心に比較的近く、かつ、古くから市街地が形成されたエリアが含まれていること**がわかります。つまり、今後、相続の発生を機に、比較的都心に近い利便性の高い地域において、住まいの終活を適切に進め、新たな住民が流入できる「素地」をつくることで、市街地の更新を図っていくことが必須でしょう。

また、神戸市須磨区・垂水《たるみ》区など、高度経済成長期に整備した当時のニュータウンでも、すでに空き家予備軍率が30％以上となっていることがわかります。相続が発生した際に、問題先送り空き家が大量に発生すると、まちの衰退が深刻化することも懸念されます。

今後、高度経済成長期に多くのニュータウンが整備された首都圏でも同じ問題を抱えることになります。そこで、次に、首都圏（1都3県）の市区町村を対象に、戸建て空き家予備軍について、都心からの距離別にもう少し詳しく見てみましょう。

かつてのニュータウンが懸念される

都心からの距離別の戸建て空き家予備軍[*7]（図表1－8）を見ると、都心から20㎞圏内では、戸建ての空き家予備軍率が高い順に、台東区、品川区、練馬区、北区、杉並区であり、空き家予備軍率は30％以上もの高い割合となっています。

もちろん、都心からの距離が近い利便性の高いエリアにある戸建て住宅は、相続時にもめたり、密集市街地などで接道要件を満たしておらず再建築が不可能な場合を除けば、民間市場での流通性もそれなりにあると考えられるため、空き家予備軍とまでは言えないかもしれません。

しかし、問題なのは、都心から20㎞圏内の戸建て空き家予備軍の絶対数が突出して多い市区町村が多数含まれているという点です。

図表1-7　地方別の戸建ての空き家予備軍率ランキング①
（2万戸以上の戸建てを有する市区町村を対象）
総務省住宅・土地統計調査（2013年）をもとに作成

■北海道・東北地方

順位	市区町村名	戸建ての空き家予備軍（戸建てに住む「高齢者のみ世帯」）	戸建ての空き家予備軍率（戸建ての総戸数に占める「高齢者のみ世帯」の割合）
1位	小樽市	12,320	37.2%
2位	釧路市	13,920	30.6%
3位	函館市	20,820	30.4%
4位	北見市	10,160	29.9%
5位	旭川市	26,120	29.6%
6位	帯広市	11,850	29.1%
7位	札幌市豊平区	6,870	29.0%
8位	札幌市南区	8,170	27.1%
8位	札幌市西区	8,670	27.1%
10位	大館市	6,210	26.3%

北海道·青森県·秋田県·岩手県·宮城県·山形県·福島県

■関東地方

順位	市区町村名	戸建ての空き家予備軍（戸建てに住む「高齢者のみ世帯」）	戸建ての空き家予備軍率（戸建ての総戸数に占める「高齢者のみ世帯」の割合）
1位	横浜市栄区	7,160	32.2%
1位	東京都品川区	12,710	32.2%
3位	東京都練馬区	34,050	31.9%
4位	東京都北区	13,140	31.6%
5位	千葉市若葉区	12,050	31.0%
6位	東京都杉並区	24,450	30.8%
7位	我孫子市	10,170	30.7%
8位	東京都豊島区	8,650	30.6%
9位	千葉市花見川区	10,000	30.2%
10位	桐生市	10,440	30.0%

東京都·神奈川県·埼玉県·千葉県·群馬県·栃木県·茨城県

図表1-7 地方別の戸建ての空き家予備軍率ランキング②

（2万戸以上の戸建てを有する市区町村を対象）

総務省住宅・土地統計調査（2013年）をもとに作成

■東海・甲信越・北陸地方

順位	市区町村名	戸建ての空き家予備軍（戸建てに住む「高齢者のみ世帯」）	戸建ての空き家予備軍率（戸建ての総戸数に占める「高齢者のみ世帯」の割合）
1位	伊東市	7,710	34.5%
2位	名古屋市中村区	8,370	33.6%
3位	名古屋市千種区	6,860	33.4%
4位	名古屋市南区	8,110	31.8%
5位	名古屋市北区	7,710	31.5%
6位	甲府市	6,710	28.8%
6位	名古屋市西区	5,870	28.8%
8位	名古屋市名東区	12,310	27.0%
9位	佐久市	8,130	26.8%
10位	松本市	6,270	26.6%

愛知県·静岡県·岐阜県·三重県·山梨県·長野県·新潟県·富山県·石川県·福井県

■近畿地方

順位	市区町村名	戸建ての空き家予備軍（戸建てに住む「高齢者のみ世帯」）	戸建ての空き家予備軍率（戸建ての総戸数に占める「高齢者のみ世帯」の割合）
1位	京都市中京区	6,860	34.2%
2位	神戸市須磨区	8,550	32.8%
3位	田辺市	7,510	32.4%
4位	大阪市西成区	6,540	32.2%
5位	大阪市東住吉区	8,010	31.7%
6位	守口市	8,600	30.3%
7位	川西市	13,310	30.2%
8位	大阪市住吉区	6,310	30.1%
9位	神戸市垂水区	11,810	30.0%
10位	舞鶴市	7,160	29.6%

大阪府·兵庫県·京都府·滋賀県·奈良県·和歌山県

図表1-7　地方別の戸建ての空き家予備軍率ランキング③
（2万戸以上の戸建てを有する市区町村を対象）
総務省住宅・土地統計調査（2013年）をもとに作成

■中国・四国地方

順位	市区町村名	戸建ての空き家予備軍（戸建てに住む「高齢者のみ世帯」）	戸建ての空き家予備軍率（戸建ての総戸数に占める「高齢者のみ世帯」の割合）
1位	岩国市	15,780	37.6%
2位	呉市	22,920	35.1%
3位	下関市	24,630	35.0%
4位	尾道市	15,330	34.1%
5位	三原市	9,620	33.2%
6位	今治市	17,250	33.0%
7位	広島市東区	7,030	32.5%
8位	周南市	12,570	31.9%
9位	宇部市	14,860	31.7%
10位	岡山市北区	19,210	30.6%

岡山県・広島県・山口県・鳥取県・島根県・高知県・徳島県・愛媛県・香川県

■九州・沖縄地方

順位	市区町村名	戸建ての空き家予備軍（戸建てに住む「高齢者のみ世帯」）	戸建ての空き家予備軍率（戸建ての総戸数に占める「高齢者のみ世帯」の割合）
1位	北九州市門司区	7,910	38.2%
2位	別府市	9,860	36.9%
3位	薩摩川内市	10,780	34.7%
4位	北九州市小倉北区	8,070	34.4%
5位	鹿屋市	11,190	33.7%
6位	佐伯市	7,960	33.6%
7位	姶良市	7,800	33.4%
8位	北九州市八幡西区	16,590	31.9%
9位	大牟田市	10,230	31.8%
10位	霧島市	11,210	31.4%

福岡県・佐賀県・宮崎県・大分県・熊本県・長崎県・鹿児島県・沖縄県

図表1-8　首都圏の都心からの距離別の空き家予備軍率ランキング（戸建て）①
総務省「平成25年住宅・土地統計調査」をもとに作成[*8]

■都心から20㎞圏内

順位	市区町村名	戸建ての空き家予備軍	戸建ての空き家予備軍率（%）
1位	台東区	6,430	33.3
2位	品川区	12,710	32.2
3位	練馬区	34,050	31.9
4位	北区	13,140	31.6
5位	杉並区	24,450	30.8
6位	豊島区	8,650	30.6
7位	三鷹市	8,030	30.0
8位	武蔵野市	5,190	29.3
9位	中野区	10,720	28.5
9位	新宿区	6,930	28.5
11位	渋谷区	4,400	28.3
12位	幸区（川崎市）	5,150	27.8
13位	荒川区	6,700	27.5
14位	目黒区	8,830	27.4
15位	江戸川区	24,950	26.7
16位	大田区	24,360	26.6
17位	文京区	5,790	26.3
18位	狛江市	3,370	26.2
19位	市川市	18,340	26.1
20位	板橋区	14,050	25.8

都心から20㎞圏内の42市区町村の戸建ての空き家予備軍の合計＝42万3770戸

■都心から20〜30㎞圏内

順位	市区町村名	戸建ての空き家予備軍	戸建ての空き家予備軍率（%）
1位	花見川区（千葉市）	10,000	30.2
2位	国分寺市	6,690	28.6
3位	美浜区（千葉市）	1,640	27.7
4位	神奈川区（横浜市）	8,790	27.5
5位	小平市	9,200	27.4
6位	府中市	9,350	26.3
6位	大宮区（さいたま市）	4,830	26.3
8位	小金井市	5,130	26.2
9位	鎌ケ谷市	7,370	26.0
10位	保土ケ谷区（横浜市）	8,750	25.8
11位	西東京市	8,520	25.6
12位	国立市	2,680	25.4
13位	習志野市	5,900	25.1
14位	多摩区（川崎市）	5,990	24.8
15位	港北区（横浜市）	10,520	24.7
15位	浦和区（さいたま市）	5,590	24.7
17位	中区（横浜市）	3,970	24.6
17位	東村山市	6,900	24.6
19位	緑区（横浜市）	6,000	24.3
20位	中央区（さいたま市）	3,200	24.2

都心から20〜30㎞圏内の48市区町村の戸建ての空き家予備軍の合計＝32万1020戸

図表1-8　首都圏の都心からの距離別の空き家予備軍率ランキング（戸建て）②
総務省「平成25年住宅・土地統計調査」をもとに作成*8

■都心から30～40㎞圏内

順位	市区町村名	戸建ての空き家予備軍	戸建ての空き家予備軍率（%）
1位	栄区（横浜市）	7,160	32.2
2位	若葉区（千葉市）	12,050	31.0
3位	我孫子市	10,170	30.7
4位	港南区（横浜市）	11,350	29.4
5位	金沢区（横浜市）	10,210	28.9
6位	日野市	8,780	28.1
7位	瀬谷区（横浜市）	7,290	27.9
8位	磯子区（横浜市）	7,090	27.4
9位	旭区（横浜市）	13,050	27.3
10位	泉区（横浜市）	9,090	27.0
11位	中央区（千葉市）	9,910	26.9
12位	稲毛区（千葉市）	5,630	25.7
12位	福生市	2,580	25.7
14位	入間市	8,430	25.5
15位	町田市	24,280	25.4
16位	ふじみ野市	5,810	25.2
17位	南区（横浜市）	8,200	25.0
17位	大和市	10,130	25.0
19位	北区（さいたま市）	5,120	24.9
20位	宮代町（埼玉県）	2,450	24.6

都心から30～40㎞圏内の45市区町村の戸建ての空き家予備軍の合計＝35万3400戸

■都心から40～50㎞圏内

順位	市区町村名	戸建ての空き家予備軍	戸建ての空き家予備軍率（%）
1位	逗子市	4,670	30.1
2位	葉山町（神奈川県）	3,240	29.7
3位	鎌倉市	12,190	28.9
4位	酒々井町（千葉県）	1,500	27.9
5位	横須賀市	26,570	27.3
6位	日の出町（東京都）	1,280	25.5
7位	北本市	4,070	25.0
8位	羽村市	2,850	24.8
9位	毛呂山町（埼玉県）	2,900	24.2
10位	藤沢市	18,640	23.6
10位	栄町（千葉県）	1,830	23.6
12位	あきる野市	5,630	23.4
12位	君津市	5,760	23.4
14位	佐倉市	10,800	22.8
15位	桶川市	4,600	22.7
16位	嵐山町（埼玉県）	1,330	22.6
16位	小川町（埼玉県）	2,340	22.6
18位	青梅市	6,550	22.3
18位	愛川町（神奈川県）	2,750	22.3
18位	坂戸市	5,270	22.3

都心から40～50㎞圏内の36市区町村の戸建ての空き家予備軍の合計＝22万1730戸

居住者が他界した後に相続が発生すると、地価が高い東京23区内では相続税を支払う必要が生じることが多いと想定されるため、近い将来、中古住宅や土地を売却するケースが増え、大量の中古住宅や土地が住宅市場に順次出てくることが想定されます。

そこで、最も影響を受けることになるのが、都心から20〜30㎞、30〜40㎞といった、都心から離れた郊外住宅地の住宅市場です。

特に、都心から30〜40㎞圏内では、横浜市、千葉市、町田市などで、戸建ての空き家予備軍の絶対数が極めて多いことに気づきます。こうしたエリアには、高度経済成長期に計画的に整備してきた郊外のニュータウンが多く、同じような時期に同じような世代が戸建て住宅を購入し、世代交代が進まずに高齢化が進行しています。

特に、かつてのニュータウンは、都心に勤務する人たちのベッドタウンとして同じような（差別化しにくい）まちとして整備されているため、都心からの距離や利便性が悪い場合、近い将来、地域固有の魅力やそのまちに住み続けたいと思う人が一定数存在する地方都市よりもむしろ、買い手や借り手を見つけることが難しくなってくることも懸念されます。

また、都心から40〜50㎞圏内にも、戸建ての空き家予備軍の絶対数が1万戸を超える自治体として、横須賀市、藤沢市、鎌倉市、佐倉市があります。こうした都市は、海や山、農地といった自然環境のような地域固有の魅力を活かして、かつて東京のベッドタウンとなっていたエリアの今後を考えていくことが重要になります。

持ち家世帯の「消滅」はどう進む？

大量相続時代を迎え、持ち家の居住者が全て亡くなることで多くの世帯が「消滅」することになるわけですが、それは一体、どのように進むのでしょうか？

都心から20～30㎞、30～40㎞圏内の空き家予備軍率、及びその絶対数も多い区が多くランクインしている横浜市について、２０１０年と２０１５年の国勢調査の持ち家データをもとにコーホート変化率法[*9]で推計してみました（図表1-9）。

横浜市による２０１５年を基準時点とした推計[(9)]によると、世帯数は２０３０年頃まで増加し、その後、減少に転じていくことが予測されています。一方、持ち家の居住者が亡くなることで消滅する世帯数は、２０１０年10月から２０１５年9月の実績値で2万４８９4世帯ですが、今回推計した結果によると、２０２５年から２０３０年は5万１７４２世帯と倍増し、その後も右肩上がりに増えるという予測になりました（図表1-9）。

また、２０１５年から２０５０年までの35年間の横浜市の持ち家世帯の消滅数を累計すると39万85戸になり、これは、２０１５年の持ち家世帯総数（97万３６６）の40・2％に相当します。

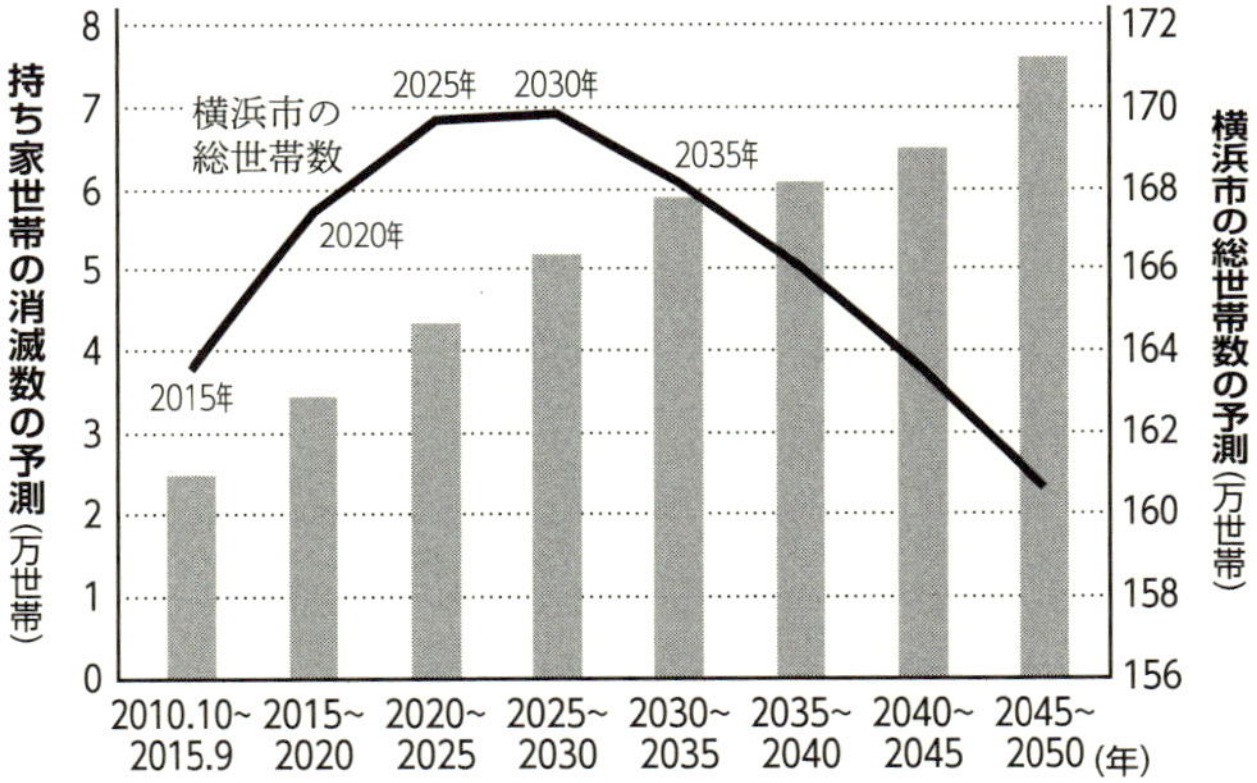

図表1-9 横浜市の持ち家世帯の消滅数の予測
（総世帯数の予測は横浜市による将来人口推計[9]、持ち家世帯の消滅数の予測は、国勢調査の持ち家で、「夫婦のみ世帯・単独世帯」の年齢別〔5歳別〕世帯数データをもとにコーホート変化率法により筆者が作成）

こうした将来予測の結果を見ると、2025〜30年には、現在よりも、持ち家世帯の消滅数が倍増しているわけですから、相続を機に、中古住宅・中古マンションとして、あるいは住宅を解体して土地として民間市場に出てくる物件数が非常に多くなり、かつ時間が経過するにつれ、ますます増えていく可能性が高くなります。

しかし、同じ2030年頃から、横浜市の総世帯数は減少に転じ、その後も右肩下がりに減少していくため、住宅としての需要はますます減少していく危険性があります。

つまり、住まいの終活に着手する時期が遅くなればなるほど、相続した住まいの売却が困難になるリスクがあると言えます。横浜市だけでなく、空き家予備軍の率もその絶対数も多い千葉市や町田市などでも推計してみたのですが、同じような状況でした。

そのため、長期的な視点から、世帯が消滅した住宅や跡地に、新たな住民に住んでもらう、あるいは住宅以外の使い道を見出し、新たなまちの魅力や価値をつくっていくための取り組みを、今の段階から積極的に取り組むことが急務です。特に、高度経済成長期に計画的に整備してきた郊外のニュータウンの中で、都心へのアクセスが悪い場合、住宅をシェアオフィスに用途変更して職住近接のまちへ再編していくなど、住む機能だけに特化したベッドタウンからの脱却を図ることがますます重要になってきます。

こうしたまちづくりを進めることができる素地を整え、まちを衰えさせないためにも、大都市こそ、「住まいの終活」に力を入れるべきなのです。

第1章補注

＊1 近年、所有者不明土地問題を背景に、登記に関する法制度の検討がスタートしているため、今後は登記の義務化へと法改正が行われる可能性もある。

＊2 在外公館で印鑑証明書に代わる署名証明の発給以外の方法として、海外居住の相続人が一時帰国時に日本国内の公正役場でサイン証明（署名証明）の登録を行うことができる。

＊3 ただし、固定資産税には免税点が設けられているため、自治体は固定資産税を徴収できない物件に対してまで、

事務処理コストはかけられないという費用対効果の観点から、所有者を特定するための相続人調査や所有者情報の更新を全ての固定資産に対して実施できていない場合も多い。

＊4　空家等対策計画策定済の市区町村のうち、都市的地域を有する１８０市区町（人口集中地区面積３００ha以上）を対象に、アンケート調査（回収率78・３％）を２０１７年度に実施。

＊5　２０１８年6月6日には、「所有者不明土地の利用の円滑化等に関する特別措置法」が成立し、都道府県知事の判断で、公園の整備など公益性のある事業（地域福利増進事業）に対して、最長10年間の「利用権」が設定できるようになっている。

＊6　本データには持ち家以外も含まれている。なお、戸建ての持ち家率は92・０％（２０１３年総務省住宅・土地統計調査）である。

＊7　本ランキング表は、『週刊エコノミスト』（２０１７年4月4日号）の拙稿に掲載したものの一部である。

＊8　戸建てが極端に少ない東京都中央区・千代田区・港区は対象外とした。本書では、総務省「住宅・土地統計調査」における戸建てに住む高齢者のみ世帯数を住戸数とみなしている。

＊9　将来の消滅世帯数の予測は、「コーホート変化率法」を利用し、２０１０年、２０１5年の国勢調査の持ち家で「夫婦のみ世帯・単独世帯」の年齢別（5歳別）世帯数データをもとに変化率を求めることで、将来の世帯数を推計した。なお、本推計方法は、新庄徹「名古屋市における高齢化による世帯の消滅と市街地への影響について」公益財団法人名古屋まちづくり公社名古屋都市センター研究報告書№１３０（２０１８年3月）を参照した。

第１章引用文献

（１）国土交通省「土地情報システム」の不動産取引価格情報検索サイト http://www.land.mlit.go.jp/webland/servlet/MainServlet

（２）二宮利治「日本における認知症の高齢者人口の将来推計に関する研究　総括研究報告書」（２０１４年度厚生労働科学研究費補助金〔厚生労働科学特別研究事業〕）

（３）東京家庭裁判所・東京家庭裁判所立川支部「成年後見人等の報酬額のめやす」（２０１３年１月１日）

（4）犬山市空家等対策計画（2016年3月）、毛呂山町空き家実態調査報告書（2016年12月）、伊勢崎市空家等対策計画（2017年3月）、奥州市空家等対策計画（2017年3月）、気仙沼市空家等実態調査及び所有者意向調査報告書（2016年5月）、福山市空家等対策計画（2016年12月）、茨木市空家等対策計画（2017年3月）、練馬区空き家等実態調査報告書（2016年3月）

（5）内海慶一「シュロ景」『生活考察』Vol.2、2010年10月、および内海慶一のブログ（https://pictist.exblog.jp/24301694/）

（6）所有者不明土地問題研究会『所有者不明土地問題研究会最終報告～眠れる土地を使える土地に「土地活用革命」～』、一般財団法人国土計画協会、2017年12月

（7）髙田晃希、野澤千絵「基礎自治体による空き家実態調査と所有者不明空き家に対する全国的な取り組み実態と課題」、日本建築学会計画系論文集83巻751号、日本建築学会、2018年9月

（8）国土交通省住宅局市街地建築課マンション政策室「マンションの再生手法及び合意形成に係る調査」（2016年度調査実施）

（9）横浜市将来人口推計「横浜市・各区の世帯数」http://www.city.yokohama.lg.jp/seisaku/seisaku/jinkosuikei/

第2章　他人事では済まされない相続放棄

1・相続放棄というサイレントキラー

相続放棄問題は社会人の必修科目

前章では、実家等の不動産を相続するにあたり一番やってはいけないことは、面倒だからと、とりあえず置いておく「問題先送り」だという話をしました。

相続した財産の中に多少の預貯金があったとしても、残された不動産をそのまま保有し続けて、固定資産税や管理費用をずっと負担し続けるなんてバカらしいし、かといって、売却したくても、古くて立地が悪いからそう簡単には売れそうもないし……ということで、それならば「相続放棄」をするという選択肢も視野に入ってきます。

たしかに、現行の民法では、相続人は全ての財産を引き継ぐのが原則とされていますが、引き継がない＝相続放棄を選択する自由も認められています。

しかし、**単純に相続放棄さえすれば、不動産を保有することによって生じる責任や苦しみから全て解放されるということには決してなりません。**自分の実家はそれなりに売れそうだし、相続放棄なんて関係ないと思われている方でも、現行の民法では、先順位の相続人が相続放棄した負動産の相続権（＋管理義務）が、まわりまわって自分のところにきてしまうという恐ろしい事態になりかねないのです。

そして、今後、負動産の相続放棄が続出してしまうと、まちの環境やその存続自体を崩しかねない「**サイレントキラー**」（忍び寄る殺し屋）となる危険性をはらんでいます。つまり、大量相続時代を迎える中で、負動産の相続放棄問題は、私たち誰もが知っておくべき社会人の必修科目であると言っても過言ではありません。

相続放棄とは何か？

当たり前ですが、相続というのは、人が亡くなったときに必ず発生します。ただし、相続は、預貯金や株式といったプラスの財産が存在する場合だけでなく、借金などのマイナスの財産が存在している場合にも生じるため、相続が必ずしも相続人の利益にはならないケースも生じてしまいます。

明治時代の民法（1898年）では、家の制度を基本としており、相続では、家の継承（家督相続）を重視していたため、相続放棄は認められていませんでした。(1) しかし、戦後に制定された現行の民法では、家の制度が廃止され、相続は単純な財産の承継を基本とするようになりました。

そのため、相続人の意思に反して「先祖代々の財産を守るべし」といった相続の義務を法的に強制することはできないとして、相続放棄の自由を認めています。[1][2]

そこで、現在の民法では、財産の承継には、相続人が相続を承認する**「単純承認」「限定承認」「相続放棄」**という3つの方法が用意されています。

「単純承認」は、相続人が故人の財産や負債をそのまま引き継ぐという方法、「限定承認」は、故人の財産の範囲内で借金などを返済したうえで、残った財産があればそれを受け継ぐという方法、「相続放棄」は全ての財産を受け取らないという方法を指します。

ただし、「限定承認」や「相続放棄」をするためには、「自己のために相続の開始があったことを知った時から三箇月以内」（民法915条第1項）に、家庭裁判所に申し立てを行い、正式に受理されなければいけません。もし、何も手続きをしないまま3ヵ月が経過してしまうと、相続放棄の意思表示をしなかったということで、原則として、自動的に「単純承認」を選択したとされ、全ての財産を引き継ぐことになります。

ここで、「自己のために相続の開始があったことを知った時」というのは、一般的には、「被相続人の死亡の事実を知ったとき」[*1]とされています。ただし、相続人が被相続人の資産をそれまでに一切受け取っていない場合に限られています。

ですから、例えば、形見分けとして高価な遺品を持ち出したり、故人の預金をキャッシュカードで引き出したり、車を売却・廃車にするなど、故人の財産を一部でも処分すると、相続を承認したとみなされ、一般的に、家庭裁判所から相続放棄を認められることが難しくなります。

なお、よく混同されていますが、相続人同士の相談で、自分は全ての相続分をほかの相続人に譲渡（放棄）するといった意思を示す書面や遺産分割協議書に押印しただけでは、相続を放棄したことに法的にはなりません。

こうした「相続分を放棄」することと、法的な相続放棄（民法９３８条）は別物ですので、自分は相続放棄をしたと思っていても、家庭裁判所での手続きを経ていないと、法的には相続人になります。そのため、例えば、遺産分割協議をした後に故人の借金が発覚した場合など、後々、相続人としての責任を問われる可能性もあります。

1年に20万件も相続放棄されているが……

相続放棄をする場合には、基本的に預貯金などプラスの財産も全て放棄することになります。つまり、「オール・オア・ナッシング」の選択となるため、故人に多額の借金等がある場合を除けば、よほどのことがない限り、これまで相続放棄は選択されませんでした。

しかし、２００８年ごろから、相続放棄の受理件数も右肩上がりに増加しており、２０１６年には、19万７６５６件もの相続放棄が家庭裁判所で受理されています。１９８５年には4万6227件ですから、約30年前の4倍にものぼっています。[3] 特に、近年、問題になってきたのが、相続財産の中に、山林、原野、売るに売れない実家等の負動産があるからという理由での相続放棄です。

司法書士の正影秀明氏は、著書の中でこう指摘しています。[4]

「近年では、(引用者注：被相続人が抱えていた) 借金を逃れるためだけでなく、価値のない不動産は取得したくないというパターンが多くなっている。これは、実際の業務の現場でも感じるほど身近になっている」

知り合いの弁護士や不動産の専門家の方々も、口を揃えて同様の問題を話します。

市町村の空き家担当者からも、「近年、相続放棄を選択する人が増えている背景には、不動産に対する意識や家族・親戚間の関係性が変化していることに加え、自分が住む予定はない実家の維持管理や、実家をどうするかといったことを兄弟・親戚等の間でやりとりするといった面倒なことにはとにかく関わりたくないと考える人が増えているように感じる」という声が聞かれます。

しかし、実家等の不動産を相続放棄したからといって、「直ちに一切、責任を負わなくてよくなる」「もうあとはどうなろうと関係ない」とはなりません。

民法では、「相続の放棄をした者は、その放棄によって相続人となった者が相続財産の管理を始めることができるまで、自己の財産におけるのと同一の注意をもって、その財産の管理を継続しなければならない」（民法９４０条）とされています。

つまり、**不動産の場合には、相続放棄をした後でも、次の引き継ぎ手が現れ、相続財産の管理を始められるようになるまで、相続放棄をした不動産の現状を維持するための財産管理をしなくてはいけない**、要するに「管理義務」[*2]がつきまとうのです。これは、相続放棄をしたら、財産管理は何もしなくてよいとなると、他の相続人や被相続人の債権者に不利益が生じる可能性があるからです。

実際、相続放棄案件を多数取り扱っている司法書士の椎葉基史氏(5)は、著書でこう指摘しています。

「単なる借金の相続ならば、たとえ額が大きくても完全に放棄することも可能ですし、対応さえ誤らなければ、解決するのはそう難しい問題ではありません。でも、負動産の場合は、所有権が別の人に移らない限り、たとえ放棄しても管理義務の問題がずっとつきまといます」

相続放棄後の管理義務は？

では、全ての相続人が相続放棄をした空き家が著しく荒廃し、周辺に迷惑をかけているような場合、相続放棄をした人は、どのような管理責任を負うことになるのでしょうか？

相続放棄をした人は、空家法3条の「管理者」に該当しますので、管理の努力義務を負うことになりますが、それ以上に法的な義務まで負うのかどうかについては、民法940条の管理義務が第三者（地域住民など）に対する義務も含むかどうかで結論が異なります。

実は、この民法940条の管理義務については様々な解釈がありえるというのが現状です。川口市の空家問題対策プロジェクトチームの「所有者所在不明・相続人不存在の空家対応マニュアル〜財産管理人制度の利用の手引き」(6)によると、相続放棄者の民法940条の管理義務は、次のように2つの異なる解釈の仕方が考えられるとされています。

具体的には、第一に「後に相続人となる者等に対する義務であり、地域住民などの第三者に対する義務ではないという解釈」、第二に「管理義務は地域住民などの第三者に対しても負うという解釈」です。

この点について、国土交通省住宅局住宅総合整備課及び総務省地域創造グループ地域振興室の事務連絡[*3]では、前者の見解に立つことを明らかにしていますが、裁判所において明確な判断が示されたことはありません。荒廃した空き家によって被害を受けた第三者の保護を重視すべきとの見解もあります。そのため、裁判所が後者の見解に立ち、相続放棄をした人が空き家の管理に関して法的な義務を負うと判断される可能性も残されているのです。

実際に、前述の川口市空家問題対策プロジェクトチームに関わり、民法940条の管理義務について調査をされた近藤宏一弁護士に伺うと、「相続放棄者の民法９４０条の管理義務の解釈は、実際に判例などが出てこないと何とも言えない状況」という見解でした。

このような状況を踏まえると、相続放棄をした人は、その後も空き家の管理について空家法上の努力義務を負いますし、第三者に対しても法的義務を負うという考え方も成り立つので、全く何の関係もなくなるということにはならないと考えられます。

自分だけの問題では終わらない

そして恐ろしいことに、相続放棄は、自分だけの問題では終わらないのです。相続放棄をした人は、「初めから相続人とならなかったもの」となります。一般的に、第1順位の相続人（被相続人の子供等）が全員、相続放棄をすると、相続権は次の第2順位の相続人（被相続人の両親等の直系尊属）に移ります。これらの第2順位の相続人が、先に亡くなっていたり、全員、相続放棄すると、その次の第3順位の相続人（被相続人の兄弟姉妹等）へと相続権が移ります。そして、第3順位の相続人が全員、相続放棄をすると、次に相続する人が誰もいない（相続人の不存在）という状態になります。

具体的な例でもっとわかりやすく説明しましょう。親が他界した時、貯金などの遺産もそこまで無いし、遺産の中にある負動産を相続して固定資産税や管理コストをずっと払い続けるのもバカらしいということで、第1順位の相続人である自分や自分の兄弟姉妹が全員、相続放棄したとします。

そうすると、相続権は、第2順位の祖父母や第3順位の親の兄弟姉妹等に移ります。第2順位の祖父母も先に他界しており、第3順位の相続人である親の兄弟姉妹も先に他界していた場合、代襲相続が発生し、最終的に、親の兄弟姉妹の子（自分から見ると従兄妹）に相続権が移るのです。そして、親の兄弟姉妹もしくはその子（自分から見ると従兄妹）が全員、相続放棄すると、そこで法的に「相続人不存在」という状態になります。

つまり、**相続放棄をすると、その相続権は親の兄弟姉妹やその子へとまわりまわっていく**わけです。逆に従兄妹が相続放棄した家の相続権が、自分にもまわってくることもあるわけです。

ちなみに、家庭裁判所や役場などから「先の順位の相続人が相続放棄したので、相続権があなたにまわってきました」といった通知をしてくれるわけではありません。[*4] 実際に、先順位の相続人から相続放棄したことを知らされておらず、市町村の空き家担当から、突然、身に覚えのない不動産の相続人であることを知らされ愕然とする方も多いです。この背景には、親子や兄弟姉妹の間で深い溝ができていたり、親戚といっても疎遠でお互いの連絡先を知らないなど、昔に比べて家族の関係性が希薄化していることもあります。

相続放棄の「逃げ遅れ」

そのため、相続放棄をする人は、他の相続人にも亡くなった人の財産や債務の状況をきちんと知らせて、自分が相続放棄を選択したことやその理由を伝えて、他の相続人が正確な情報をもとに相続放棄をするかどうか決められるようにすることが重要になります。そうしないと、他の相続人は何も理解しないまま、被相続人の負債や負動産を引き継いでしまいかねません。

そもそも相続放棄をされるような負動産は売却可能性が低いものが多いため、非常に悲しいことですが、誰かが引いてくれるのを密かに待つ「ババ抜き」のような状態になりかねないのです。実際に、先順位の相続人が相続放棄をした空き家の相続権がまわってきて、親戚に言われるがまま「何となく」相続してしまい、今にも倒壊しそうな空き家の解体費も捻出できず、非常に困った状況に置かれている高齢の女性がいます。

このように先順位の相続人が相続放棄した負動産がまわりまわってきて、知識不足から相続放棄の「逃げ遅れ」によって、自分とはほとんど関係のない、固定資産税や管理コストのかかる負動産を引き継いでしまうという事態は、個人としても、社会としても、望ましい状況とは言えません。

なお、相続放棄の手続き期間は、「自己のために相続の開始があったことを知った時から三箇月以内」であるため、一般的には、第2順位や第3順位の相続人は、先順位の相続人が相続放棄したと知ったときから3ヵ月以内に自らの相続放棄の手続きをしなくてはいけなくなります。この点は是非覚えておきましょう。

新たな形の「争続」が勃発する

相続人全員が相続放棄を行った場合、一般的に、相続放棄者が複数いることにもなるわけですが、相続放棄後の空き家は、空家法上、一体誰が管理義務を負う「管理者」に該当することになるのでしょうか？

これについても、複数の解釈がありえるとされていますが[6]、国土交通省住宅局住宅総合整備課及び総務省地域創造グループ地域振興室の事務連絡（前出）では、「最後に相続放棄をした者[*5]」と解釈されています。

つまり、自分が実家を相続放棄したせいで、後順位の相続人、例えば従兄妹（故人の甥や姪で最後の相続放棄者）を、実家について民法上の管理義務を負わせたり、空家法上の管理者にしてしまうのです。逆に考えると、従兄妹が実家を相続放棄したとき、相続権がまわりまわってきて、自分が最後に相続放棄した場合、従兄妹の実家について、民法上の管理義務、空家法上の管理者になってしまう可能性もあるわけです。

ただ、現状では、市町村の対応が統一されているわけではないため、必ずしも最後の相続放棄者だけに管理者として、市町村から空き家の適正管理のお願い通知が送られてくるわけではありません。つまり、相続放棄をした人は誰でも市町村等から連絡が来たり、マンションの場合には、管理組合からマンションの修繕工事のために専有部分の住戸に立ち入りたいなどの連絡が来たりする可能性はあると言えます。

こうして考えると、これまでは遺産の分割方法や金額などでの「争続」が問題になっていましたが、今後は、相続した財産の状況によっては、負動産の相続放棄を発端とした、新たな形の「争続」が勃発し、人間関係が悪化しかねないのです。

2・相続放棄空き家への対応には限界がある

相続財産管理人制度を使うには

では、相続人全員が相続放棄をして、引き継ぎ手がなくなった空き家や土地などの負動産に対する管理義務から逃れるためには、どうすればよいのでしょうか？

それは、一般的に、**相続財産管理人制度**の利用を検討することになります。

相続財産管理人制度とは、相続人が存在しているのかがわからない場合や、相続人の全員が相続放棄した場合などに、家庭裁判所が選任した相続財産管理人（一般的には弁護士や司法書士等）が、どこかにいるかもしれない相続人を捜したうえで、相続財産の管理・清算をし、最終的に余った財産があれば、国庫に帰属させる手続きを行うという制度です。この申し立てができるのは、利害関係人又は検察官です。

よく誤解されていることの一つに、相続人全員が相続放棄をして、相続人が不存在となった場合、空き家等の不動産は「自動的に」国のものになる（国庫に帰属する）と考えられている点があります。しかし、相続人が不存在となった場合には、利害関係人等が申し立てを行い、相続財産管理人制度に則った一定の手続きを経なければ、相続財産は国庫に帰属することはありません。

また、相続財産に預貯金や金銭などがない、あるいは少ない場合には、相続財産の管理費用や相続財産管理人の報酬を支払うための資金を確保しておく必要があることから、申立人は家庭裁判所に納める予納金が必要に[*6]なります。

事案の状況によって異なりますが、一般的なケースでは、数十万～１００万円程度が必要と言われています。予納金は、最終的に相続財産を処分し、相続財産の管理費用や相続財産管理人の報酬などを差し引いた後、残額があればその分が払い戻されますが、何も残らなければ返金されません。

特に、相続財産に売却が困難な負動産が含まれている場合には、相続財産を処分できるまで相続財産管理人としての業務が長年にわたり続くことになり、相続財産の管理に必要な費用や相続財産管理人の報酬を追加で支払い続けなければいけなくなります。

そもそも、相続人全員が相続放棄をしているわけなので、借金などの負債があったり、売却が困難な負動産だったりする場合が多く、相続放棄をした人が、管理義務から逃れるためだけに高額な予納金を支払ってまで、わざわざ相続財産管理人の選任申し立てをするケースは非常に少ないのが現状です。

実際に、市町村の空き家担当者からは、「法定相続人全員が相続放棄している事例が増加しており、相続財産管理人も選任されない」「相続放棄をした元相続人による相続財産管理人の選任申し立ての義務化を検討してほしい」といった声が聞かれます。

ただし、相続財産管理人は、家庭裁判所が選任の必要性や相当性といった観点から選任する仕組みであるため、申し立てをしたからといって必ず選任されるとは限りません。

市町村でも換金可能な案件にしか対応できず

では、相続放棄をされて、荒廃した空き家が近隣に悪影響を及ぼしているなら、「市町村がこうした空き家に対して、相続財産管理人の選任申し立てをすればよいのでは？」という意見も出てくるでしょう。

確かに、相続放棄された空き家は、利害関係人[*7]の誰かが相続財産管理人の選任申し立てを行わない限り、そのまま塩漬け状態が続いていきます。相続放棄者に管理義務があるとはいえ、時が経つにつれて荒廃が進んで特定空家化し、結局、市町村が税金を投入して解体除却（代執行）を行うことになります。解体・除却後の跡地が売却できれば、解体等にかかった費用を回収できますが、売却金額が著しく低い、あるいは売却できない場合には、税金を投入せざるを得なくなるわけです。

ですから、市町村が、相続人全員から相続放棄された空き家について、利害関係人として相続財産管理人の選任申し立てを行い、塩漬け状態の空き家を売却できれば、荒廃した空き家による地域の住環境の悪化も回避でき、何らかの新しい土地利用によるまちの更新にも役立ち、税収（固定資産税等）も得られるというメリットがあります。例えば、相続放棄をされた空き家でも、近隣住民等が、駐車場としてあるいは近居を望む娘夫婦の家を建てるための敷地として欲している場合もあるため、積極的にマッチングに取り組めば、「責任ある所有者」を見つけられる可能性もあります。

そこで、実際に相続財産管理人の選任申し立てを行った実績がある、群馬県にある市の担当者に話を伺いました。

この市では、長年放置されて、通行人等に危険が及ぶ状態となっている所有者不明の空き家に対して、空家法に基づいて解体・除却し、この解体費の債権者として、家庭裁判所に相続財産管理人の選任申し立てを行いました。

予納金の金額というのは、通常１００万円程度と言われていますが、実務的には、各地の家庭裁判所の運用やその事案の状況によって異なっており、残された財産の中に金銭があったり、不動産を売却できる見込みがあったり、相続財産管理人候補者と調整がついている場合などは、その調整された金額になる可能性が高いとされています。

この市の案件では、相続財産管理人候補者との調整ができていたこと、空き家解体後の跡地に近隣住民等から買い手がつく見込みがあったことなどもあり、家庭裁判所の判断により、当該案件では予納金なしで進めることができました。実際に、空き家解体後の跡地を近隣の方に売却でき、その売却金額から、相続財産管理人の報酬や管理に必要な費用とともに、市が支出した解体・除却費用等も回収できたそうです。

こうした経験をされた市の担当者からは、「自治体といえども、空き家・跡地の売却可能性が見えない限り、税金から支出した予納金が回収できないので、買い手がつく可能性が高い空き家にしか対応が困難なのが現状」という指摘がありました。

実際に、他の市町村の中には、相続放棄をされた空き家に対して、自治体が相続財産管理人の申し立てをした結果、長期間買い手が見つからず、予納金を公費投入しただけで身動きがとれなくなってしまったケースも発生しています。

このように、市町村が相続放棄をされた空き家への対応策として相続財産管理人の申し立てをしても、空き家や解体後の跡地が予納金を上回る金額で売却できない、買い手がつかない場合では、予納金のために公費を支出するだけというリスクがあるわけです。当然ですが、税金から相応の費用を投入するため、市民や議会への説明責任も発生します。

つまり、相続放棄されて相続人がいない空き家だからというだけで、市町村が手当たり次第に相続財産管理人制度を利用することは困難であり、結局のところ、自治体ですら、その空き家が換金できる可能性がなければ、放置せざるを得ないわけです。

私の研究室で行った市区町村の空き家担当課へのアンケート調査[*8]によると、相続財産管理人の選任申し立ての実績（過去5年間）がある市区町村は、15・7％（140中22市区町村）しかありません。相続放棄された空き家があると回答した市区町村は、72・5％という結果から見ても、非常に少ないことがわかります。

特に、人口20万人以上の市区町村では、4分の1以上が相続財産管理人の選任申し立ての実績がありましたが、人口規模が小さくなると少なくなり、人口5万人未満では、全ての市区町村で実績ゼロという状況でした。

マンパワーが足りていない

現在、空き家対応の主体は、基本的に市町村とされており、市町村の空き家担当は、日々、住民からの空き家に関する苦情処理に追われています。台風や春の嵐が吹き荒れる日には、空き家の瓦が飛びそうで危険だといった通報の電話が絶えないという自治体もあります。天気予報を見ただけで、今日は通報の電話がたくさんかかって忙しそうだなあ……と予測できてしまうそうです。

特に、小規模な市町村の空き家担当者からは、「相続財産管理人の選任申し立てなどの専門知識の勉強やノウハウが必要となる対応にマンパワーを割《さ》く余裕がない」といった声がよく聞かれます。逆に、大規模な市町村では、市域の面積も広く、空き家の絶対数が多いため、マンパワーが足りていないところもあります。

私自身、様々な市町村の空き家担当者とやりとりをしてきて、このまま「市町村」とひとくくりにとらえることに、今後無理が出てくるのではないかと危惧しています。

空き家問題への対応は、空家法だけでなく、民法、法的な手続き、税金、不動産など非常に幅広い専門知識やノウハウの積み重ねが必要になります。しかし、市町村の空き家担当者が専門知識やノウハウを積み重ねても、数年すれば異動で担当者が代わってしまうため、安定的・継続的に取り組みにくく、市町村による空き家対応には限界があります。

そのため、市町村の規模や実情を踏まえた、空き家対応にかかる費用面や実務面のきめ細かな支援策が求められるでしょう。例えば、都道府県からの人的・専門的な支援体制の構築や、弁護士や司法書士といった専門家に一括して委託できるような公民連携の仕組みづくりなども検討する必要があります。

3・老いた分譲マンションと相続放棄

分譲マンションで相続放棄が起こると……

相続放棄問題は、もちろん、分譲マンションにも発生します。

一例として、首都圏内でも、相続人全員が相続放棄し、その後、3年程度で管理費等の滞納金が100万円になってしまったという分譲マンションがあります。この管理組合では、このまま放置しても滞納金が増え続けるだけ（更に売却可能性も下がっていくだけ）なので何とかしようということになり、管理組合が予納金を出して相続財産管理人の選任申し立てをしました。

この事例では、マンションの管理状態が良かったため、無事、業者による買取が実現し、予納金や滞納分、手続きにかかる費用等は住戸の売却代金から支出できました。

しかし、今後、築50年を超えるような古い分譲マンションの住戸を相続した際、「立地も悪くて建物もかなり古いから売却できそうにない」「誰かに貸してもトラブルが発生した場合など面倒」「月々の管理費・修繕積立金・固定資産税を支払い続ける負担が大きい」ということで、老いた分譲マンションの相続放棄が増えることも懸念されます。

また、他界した区分所有者がおひとり様で、法定相続人も全員すでに他界しており、相続人が誰もいないといったケースなども増えてくる可能性があります。実際に、マンションの管理に関わる様々な専門家の誰からも、分譲マンションの相続放棄は今後増える可能性が高いと危惧する声が聞かれます。

分譲マンションは、区分所有者からの管理費・修繕積立金で全体の管理が成り立っているため、相続人全員から相続放棄された住戸が発生すると、その住戸の管理費・修繕積立金の滞納が発生し、マンション全体の管理に影響が出てきます。特に古くなるほど建物や設備の不具合が増えるため、修繕積立金が多く必要になります。

また、住戸の中（専有部分）まで立ち入らないとできない排水管の清掃や消防点検といった作業を行う場合には、管理組合が相続放棄者の連絡先や鍵をもっている人を探して、相続放棄された住戸を開けてもらわなければいけません。

今後、高度経済成長期に一斉に建てられた大量のマンションで老いが進行していく中で、一つの分譲マンションに、複数の相続放棄住戸が発生してしまう事態も懸念され、定期的なメンテナンスにも影響が及ぶ可能性も考えられます。

特に分譲マンションは、戸建てのように、解体して隣地に売却したり、駐車場や菜園にかえられないため、基本的に建物として利用していくしか選択肢がありません。

居住者の老いも同時に進んで

こうした相続放棄された住戸の塩漬け状態から脱するには、一般的に、利害関係人として管理組合が家庭裁判所に予納金を支払ったうえで、相続財産管理人の選任申し立てを行い、選任された相続財産管理人がその住戸を売却し、その売却代金から管理費・修繕積立金の滞納分を回収することが必要になります。

しかし、管理組合が予納金を出して、相続放棄された住戸の相続財産管理人の選任申し立てを進めようとしても、結局、その住戸の売却見込みがないと、予納金の回収ができなくなるため、簡単には手が出せません。その住戸の管理費などの滞納額が積みあがっている場合、通常は、買い手が管理費・修繕積立金の滞納分を引き継ぐので、そのような物件に買い手が見つからない可能性も出てきます。その場合、売却しやすいように、管理組合が、やむなく管理費等の滞納分の債権を放棄せざるを得ない事態も考えられます。

管理組合にこうした対応ができればよいですが、老いたマンションでは、居住者の「老い」も同時に進行していることが多いため、区分所有者の高齢化や、賃貸化・空室化が進み、管理組合の役員等のなり手不足などの問題を抱えています。こうした状況の管理組合のマンションで、相続放棄された住戸が発生した場合、専門的で難解な対応ができるのかも危惧されます。

それであれば、戸建てのように市町村が対応してくれないのかと思われるでしょう。しかし、空家法では、マンション内のすべての住戸が空き部屋にならなければ、その対象にならないため、管理組合が全ての対応を背負う仕組みになっているのです。

老いた分譲マンションは、単に居住者の老いだけでなく、老いた居住者が亡くなった後の相続問題によって、荒廃化するリスクを抱えた非常に不安定な存在であり、いずれマンションに対しても何らかの公的な対応策が必要になってくるものと考えられます。

4・不動産のままで国庫に帰属できるのか？

税負担を増大させるサイレントキラー

プラスの資産もマイナスの資産も全てを放棄しなくてはいけないため、相続放棄をする人は、そこまで増えないだろうという見方もあります。

内閣府の「平成28年　高齢者の経済・生活環境に関する調査」[*9]によると、持ち家に住む高齢者で「貯蓄はない」と回答した割合が19・1％にもなっています。回答者が正直に答えているかを確認できないので何とも言えませんが、日本人が長寿化していることもあり、亡くなる時に、多額の現金が残っている高齢者はそこまで多くない可能性があります。

元外資系コンサルタントが[(7)]、平均の貯蓄額（世帯値）、平均余命、年間の貯蓄切り崩し額（世帯値）、葬式代などを加味して試算した結果によると、日本人が死ぬときに残すお金は529万円と算出されています。ただ、「平均貯蓄額は一部の人たちがつり上げる構造となっているため、（中略）これを勘案すると、実際にはもう少し低い金額（300〜400万円ぐらい？）を残して、寿命をまっとうする方々が多いと考えます。また、今後の趨勢で言えば、年金額の減少と長寿命化により〝残すお金〟は減少する傾向にあると考えます」と述べています。

相続放棄という選択肢が社会的に認知され、実家以外に相続する金融資産がそれほど無く、残された実家も簡単には売れそうにない場合の選択肢として、相続放棄も考えざるを得ないケースも増えてくると考えられます。

しかし、親などから引き継いだ不動産が売るに売れない負動産だからといって、安易に相続放棄が続出するという社会のあり様は決して好ましい状態とは言えません。

現状では、相続放棄された空き家に対して、相続財産管理人の選任申し立てが行われないケースがほとんどですが、塩漬け状態で放置され、荒廃の一途をたどって極めて危険な状態になると税金で解体せざるを得なくなり、最終的には税金を投入することになってしまいます。つまり、**将来の公共投資を増やし続けている＝私たち一人ひとりの税負担を増やし続けている「サイレントキラー」に他ならない**のです。

これまで、住宅の終末期をどうするかといった解決策がないまま、とにかく新たな住宅を「つくる」ことを主眼にしてきたツケやほころびが今、「空き家」「相続放棄」という形で出始めていると言えます。

不動産のままで国庫に帰属するのか

ところで、相続財産管理人により処分されなかった相続財産は「国庫に帰属する」と、民法959条に定められているのだから、市町村が相続財産管理人の選任申し立てをして、最終的にどうしても不動産が売却できない場合は、国が引き取ることになるのではないかと思われている方もいるかもしれません。

しかし、極めて例外的な場合を除き、実務上、国は不動産のまま引き受けることはほとんどありません。相続財産管理人が相続財産を売却して換金し、管理や売却にかかった費用や報酬などを差し引き、最終的に残った金銭を国が引き取るのです。

実際に、国庫に帰属した相続財産額は[8]2014年で434億円、2015年で421億円です。その一方で、不動産のままで国庫に帰属した件数は、2014年で32件、2015年で37件しかありません（図表2－1）。

そのため、相続財産管理人の選任申し立てをしても、最終的に売却できない不動産が残ってしまうことから、相続財産管理人としての業務が終了できず、追加の予納金を支払い続ける事態になったり、最終的に売却できない状態のままで、相続財産管理人の業務が終了するといったケースもあります。[4]

これまで、実務的には不動産のままで国庫に帰属することは稀だったのですが、2017年6月27日、財務省理財局から全国の家庭裁判所等に対して「国庫帰属不動産に関する事務取扱について」という文書[4]が出されています。その文書の中には、留意事項として

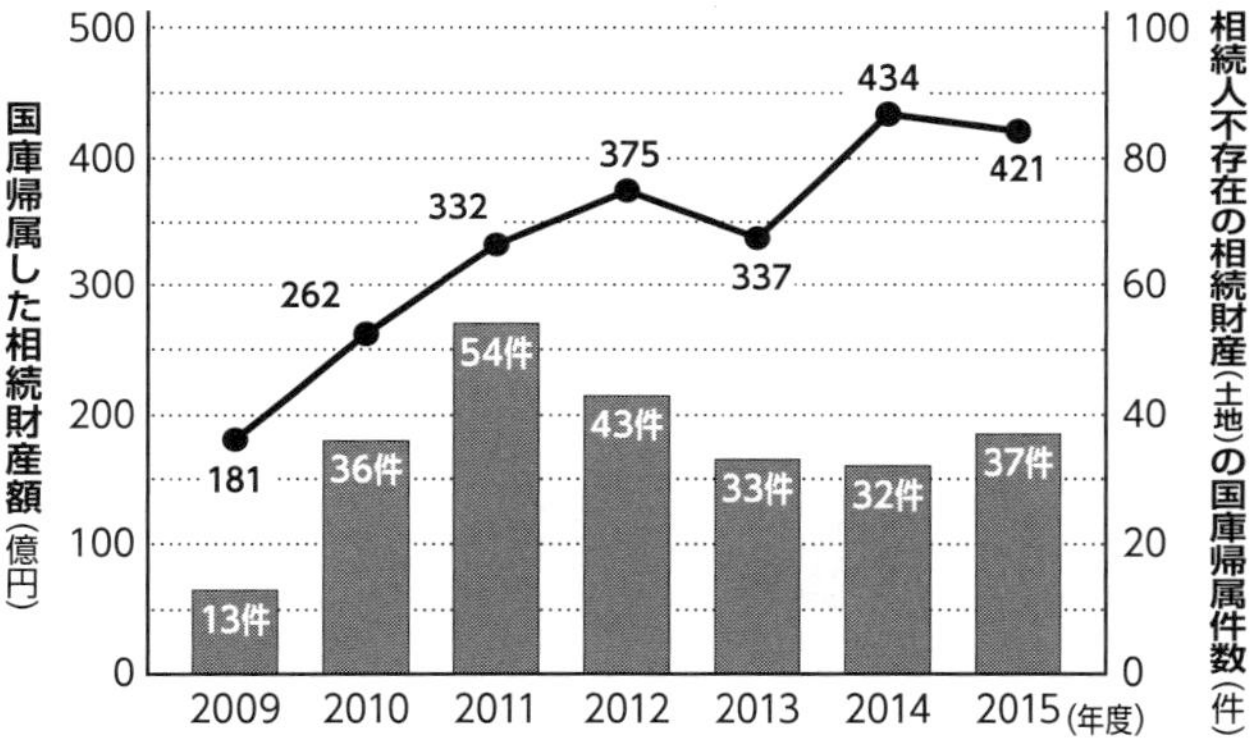

補注）国庫帰属した金銭の中には、裁判所の許可を得て、売却処分された不動産、有価証券、動産等の代金も含まれている。

図表 2-1　国庫帰属した相続財産額と相続人不存在の相続財産（土地）の状況
財務省理財局財政制度等審議会 第34回国有財産分科会資料「普通財産を巡る状況について」（2017年2月17日）をもとに作成

「相続人不存在不動産については、管理又は処分をするのに不適当であっても、引継ぎを拒否することができないので、補完を依頼する内容については必要最小限のものにとどめ、相続財産管理人の協力を求めること」と書かれています。

この文書によると、相続人全員が相続放棄し、利害関係人が相続財産管理人制度を利用しても、最終的に売却できない場合、国は不動産のままでも国庫への引き継ぎを拒否できないと解釈されていると捉えることができます（もちろん、こうした文書があるとはいえ、実際の運用がどのようになっていくかは未知数です）。

しかし、現実問題として、相続財産管理人の選任申し立てさえすれば、どんな物件でも国庫に帰属するとなると、**売却できないような不動産の管理コストは税金から支出することになり、公的なコストの増大として私たちに跳ね返ってくる**ことにもなります。

例えば、老いた分譲マンションの相続放棄された住戸が国庫に帰属するとなると、その住戸の管理費を税金から負担することになるわけです。実際に、何らかの事情で国有財産になった熱海市（静岡県）のマンションでは、管理費等で1室あたり年間約100万円が投入されている例[9]も見られます。

大量相続時代を前に、長期的な都市経営的な観点から、負動産化した住宅についての国庫帰属のあり方を本格的に検討すべき時期に突入しているのです。

相続放棄をしなくてもよい社会に向けて

民法では、相続の際の放棄は認められていますが、土地の所有権そのものを放棄することができるかどうかについて、法的に明確になっていません。

現在、国は、所有者不明土地問題への対応策として、相続登記の義務化や登記手続きの簡略化とともに、土地所有権の放棄を認めるべきかどうか、仮に認める場合の受け皿のあり方について、検討に入っています。

「登記制度・土地所有権の在り方等に関する研究会」の中間取りまとめ（2018年6月）[10]に

は、「土地所有者の放棄を認めるには立法措置を講ずる必要があるという基本的な理解の下、土地所有者が一方的に管理責任を帰属先の機関に押し付けることがないような放棄の要件・手続の在り方や、民事における土地利用の円滑化に資する帰属先の機関の在り方につき、引き続き検討を進める」と書かれています。おそらく、今後、何らかの立法措置が実現したとしても、さまざまな条件を満たさない限り、土地所有権の放棄は認められない方向になると推測されます。

では、どうすればよいのでしょうか？

まずは、これ以上、私たちが相続放棄を選択しなくてもよい社会にしていくしかありません。そのためには、負動産と揶揄《やゆ》するだけではなく、きちんと売れる・貸せる不動産となる新たな活用法＝「使い道」を見出し、それがこれまでにないまちの価値をつくっていくために、私たち一人ひとりが尽力していくしかありません。

仮に、相続人全員から相続放棄される不動産が増えていったとしても、それらの不動産が塩漬け状態のままで放置されるのではなく、「責任ある所有者」へとバトンタッチする新たな仕組みづくりも併せて必要になってきます。

例えば、相続財産の中に預貯金等があるなどの一定の要件や支援策を設けたうえで、相続放棄者自らによる相続財産管理人の選任申し立てを義務化し[*2]（不動産の長期塩漬け状態の回避）、公的機関が一元的・暫定的に空き家・空き地を保有したうえで、再度、市場に流通させていくための新しい仕組みづくりなどの検討も必要になってきます。

時代の変化やニーズに合わせて、民法などの法的な見直しとともに、根本的な解決策として、相続放棄を選択しなくてもよい社会にするには、空き家やその跡地の出口戦略＝土地利用のあり方も検討することが重要です。

そこで次章では、こうしたヒントとして、海外の人口減少都市の空き家・空き地の活用のための取り組みを見ていきましょう。

第2章補注

＊1　3ヵ月の期間を過ぎてしまった場合でも、一定のやむを得ない事情がある場合、例えば、故人に借金があったことについて相続人が知る由もなかったという場合などは、家庭裁判所から例外が認められることもある。

＊2　「登記制度・土地所有権の在り方等に関する研究会」（座長・山野目章夫早稲田大学大学院教授）では、2017年10月より、登記制度や土地所有権の在り方等に関する中長期的課題について、民事基本法制の視点から、その論点や考え方等が議論されており、今後、法制度が改正されるなど、様々な動きが出てくる可能性がある。本研究会を設置・運営している一般社団法人金融財政事情研究会のホームページに掲載されている第12回までの研究会の資料・議事要旨によれば、相続放棄をした者の管理義務のあり方、相続財産管理人制度の利用を促進する方策（相続放棄者による相続財産管理人の選任申立の義務化の是非なども含む）、相続財産管理人選任の申立権者の範囲の拡大の是非などが検討されている。

＊3　国土交通省住宅局住宅総合整備課及び総務省地域創造グループ地域振興室が各都道府県・政令市の空家等施策担当者向けに出した、平成27年12月25日付事務連絡では、「（相続）放棄者による管理行為は、民法第１０３条の範囲に限られ、処分行為は含まれていない（『新版　注釈民法（27）』Ｐ６３５）とされており、民法第９４０条義務は、基本的に相続人間のものであり、例えば相続財産の近隣住民など第三者一般に対する義務ではない」と書かれている。

＊4　市役所から「先順位の相続人が相続放棄をしたため、固定資産税を支払ってください」という請求がくる場合もある。

＊5　川口市空家問題対策プロジェクトチーム「所有者所在不明・相続人不存在の空家対応マニュアル～財産管理人制度の利用の手引き」（平成29年3月）[6]によれば、「同順位の複数の相続人全員が相続放棄をした場合には、同順位の全ての相続放棄者が管理者に該当すると考えられる」とされている。

＊6　相続財産管理人制度の申し立てに予納金が必要になるわけではない。相続財産の中に、貯金等の金銭が残されていたり、相続財産を売却できる見込みがある場合には、相続財産の管理費用や相続財産管理人の報酬を支払うための資金を準備できるため、家庭裁判所の判断で予納金は不要となる場合がある。

＊7　空き家対策のため、市区町村が「利害関係人」として財産管理人の選任を申し立てることができるのは、例えば固定資産税等の租税債権など、市区町村が債権者に該当する場合などとされている。[6]

＊8　空家等対策計画策定済の市区町村のうち、都市的地域を有する１８０市区町を対象にアンケート調査（回収率78・3％）を２０１７年度に実施。この結果は、髙田晃希・野澤千絵「基礎自治体による空き家実態調査と所有者不明空き家に対する全国的な取り組み実態と課題」日本建築学会計画系論文集第83巻　第７５１号、２０１８年９月で詳しく報告している。

＊9　本調査は、２０１６年６月に全国の60歳以上の男女２９２０人を対象に実施され、有効回収数は１９７６人（67・7％）。

第２章引用文献

（1）中川淳「第4章　相続の承認及び放棄」、『相続法逐条解説（中巻）』、日本加除出版、１９９０年

（2）犬伏由子「第4章第3節 相続の放棄」、谷口知平・久貴忠彦編『新版　注釈民法（27）相続（2）〔補訂版〕』、有斐閣、２０１３年
（3）司法統計「第2表　家事審判・調停事件の事件別新受件数―全家庭裁判所」
（4）正影秀明『相続財産管理人、不在者財産管理人に関する実務』、日本加除出版、２０１８年
（5）椎葉基史『「相続放棄」が分かる本』、ポプラ社、２０１８年
（6）川口市空家問題対策プロジェクトチーム「所有者所在不明・相続人不存在の空家対応マニュアル～財産管理人制度の利用の手引き～」（２０１７年3月）及び、国土交通省住宅局住宅総合整備課及び総務省地域創造グループ地域振興室、２０１５年12月25日付事務連絡
（7）元外資系コンサルタントの貯金生活「使い切れないお金～日本人が死ぬ時に残すお金～」（２０１６年1月11日）http://www.chokin365.com/article/432395858.html
（8）財務省理財局財政制度等審議会第34回国有財産分科会資料「普通財産を巡る状況について」（２０１７年2月17日）
（9）一般財団法人国土計画協会「所有者不明土地問題研究会Ⅱ」第1回研究会（２０１８年6月25日）資料8　財務省「国有地の管理状況について」
（10）登記制度・土地所有権の在り方等に関する研究会（一般社団法人金融財政事情研究会が設置・運営）「登記制度・土地所有権の在り方等に関する研究会中間取りまとめ」（２０１８年6月）

第3章　世界でも見られる人口減少という病

写真3-1
デトロイトの打ち捨てられた空き家
（2018年8月筆者撮影）

写真3-2
デトロイトの放火された空き家
（2018年8月筆者撮影）

1．アメリカ・ドイツ・韓国の人口減少都市

10年間で25％も人口が減ったデトロイト

窓が割られて中が丸見えの空き家、放火されて焼け焦げた空き家、バンダリズム（破壊行為）予防のために木材で窓や扉を封鎖している空き家……

世界の人口減少都市の中の、空き家が大量に発生したまちでよく見られる風景です。

ドイツの財団の調査[1]によると、先進国の中で1950年から2000年までの間に人口が減少した大都市（人口10万人以上）は350以上もあり、1990年代には全世界の大都市の4分の1以上で、人口が減少したことが明らかになっています。いずれも産業構造の変化に伴う産業の空洞化や雇用の喪失を背景にした人口流出が影響しています。

例えば、「モーターシティ」として名高いアメリカのデトロイトは、ゼネラルモーターズなどの自動車産業の中心地となり、1950年には185万人の人口を有する大都市でした。

しかし、2017年には67万人と、人口が6割以上も減少しました。特に2000年からは、10年間で人口が25％も減るという急激な人口減少を経験しています。

その主な原因は、長年の人種間の摩擦や治安の悪化に嫌気がさした中・高所得層の市民

や企業が市外へ大量に流出したこと、自動車産業の衰退に伴う工場の閉鎖で多くの労働者が職を失ったこと、2008年のサブプライムローンの破綻などによるリーマンショックの影響で、住宅ローンを払えなくなった人が続出したことが挙げられます。

市内のいたるところで、人の管理が行き届かない工場などの廃墟や空き家が増え、こうした場所が犯罪の温床になり、治安の悪化を招き、それに伴って不動産価格もますます下落し、まちが荒廃するという負のスパイラルに陥っていきました。

救急車は3分の1しか稼働しない

2013年、デトロイト市は、連邦破産法を申請し、事実上の財政破綻となったことは有名ですが、実は市の財政不足は、1960年代からの長年にわたる問題でした。例えば、財政不足から、水族館などの公共施設の閉園、スクールバスの本数の削減やごみ収集の回数の削減というように公共サービスも低下していきました。

破綻当時には、長年の財政難で公務員の数が大幅に減らされてきたことが原因で、救急車は要請の3分の1しか稼働せず、警察官が現場に駆けつけるまでに平均で58分（全米の平均は11分）もかかるなど[2]、公共サービスやインフラの維持管理が難しくなりました。

2015年頃の調査では、デトロイト市内の空き家は約11万戸（空き家率30％）[3]、空き地は

写真3-3　空き家が解体されて空き地だらけに
（2018年8月筆者撮影）

約12万区画（約62㎢）[3]になり、空き地だけで、ニューヨークのマンハッタン島を超える広さとされています。

2018年8月に私がデトロイトを訪れた際も、窓が割られて中が丸見えのまま放置された空き家（写真3－1）や、放火されて焼け焦げた空き家（写真3－2）が大量に残る荒廃した街並み、空き家が解体されて空き地だらけの荒野（写真3－3）が見られました。

興味深かったのは、まるでパッチワークのように、空き地だらけで荒野化した街区、空き家だらけの街区、居住している家と空き家が混在した街区、非常に良好な住宅地の街区が混在しており、道路の左右でまちの風景が全く違っていることでした。

昼間の時間帯であれば、地域の治安は回復しつつある印象でしたが、市内には、地元ギャングが多く集まり、薬物売買や銃撃事件などの凶悪犯罪が多発する危険地域（通称：レッドゾーン）もあり、車であっても絶対に通ってはいけないというエリアすらあります。

このようにデトロイトだけを見ると、深刻な都市問題が発生していますが、周辺の都市に目を向けると、自動車の部品工場など多くの産業が立地し、良好な住宅地を形成しています。デトロイト都市圏（デトロイト・ウォーレン・ディアボーン都市圏）は、473万人規模（2017年7月）[4]で人口も安定しており、デトロイト市内にだけ深刻な人口減少と空き家・空き地問題が発生している状況にあるわけです。

集合住宅が空き家化したライプツィヒ

他方、ドイツのライプツィヒ（旧東ドイツ）は、産業革命で人口が増加し、ピークの1938年には約71万人の人口を有していましたが、第二次世界大戦や東西ドイツ統一などの影響で、旧西ドイツの都市への人口流出が進み、50年間で人口が6割にまで減少しました。

特に1990年の東西ドイツ統一後には、10年間で約10万人も人口が急減しました[5]。そのため、1990年代には治安が悪化するなど都市の荒廃が進み、写真3－4や写真3－5のような空き家がまちにあふれたのです。

ライプツィヒのまちなかにある住宅は、写真3－4のような集合住宅の形式になっていますが、日本のように区分所有になっているのではなく、オーナーが1棟丸ごと所有し、各住戸を賃貸するという形態が比較的多くあります。そのため、いざ空き家になると、1棟丸ごと空き家になり、窓が割られ廃墟化した集合住宅が市内のあちらこちらにあるという

写真3-4　ライプツィヒの1棟丸ごと空き家（2017年8月筆者撮影）

写真3-5　窓が封鎖された空き家（2017年8月筆者撮影）

状況でした。

こうした中、ライプツィヒは、都市再生に向けて、ＥＵや連邦政府などからの様々な助成金を獲得しながら、重点区域を定めて空き家を計画的に解体し、その一帯を公園や緑地として整備するなど、地域の住環境を向上させようという取り組みを進めました。

市の職員や住民団体・学生・建築家等は、空き家再生のための市民団体「ハウスハルテン」を立ち上げ、空き家がこれ以上傷んだり、バンダリズムにあわないよう、家主に、期限付き（最長7年）で空き家を無料で貸してくれないかと交渉し、空き家の使い手（アーティストや文化活動をしている人、起業したい人など）を見つけ、仲介するなどの活動を展開していきました。使い手は、家賃は不要ですが、光熱費とハウスハルテンへの使用料を支払うという仕組みとなっています。

ライプツィヒを拠点に活動する建築家のミンクス典子氏は、こう明かしてくれました。

「ライプツィヒ市の住宅都市整備局の施策や事業の特徴は、空き家再生を含む地域全体の再生に向けて、ある期間に集中して戦略的に取り組む重点区域を指定し、ハウスハルテンの活動とも連携を図りながら取り組んでいる点にあります」

重点区域には、市の住宅都市整備局から委託された地域マネージャーが入っています。例えば、カフェを出したいと空き店舗を探している人が、地域マネージャーに相談すると、「じゃあハウスハルテンに聞いてみたら？」とつなぐ関係性もできているそうです。

こうした取り組みが軌道に乗ったことと、電車で1時間程度のベルリンの地価が高騰して住宅不足になったこともあり、人口減少都市として知られたライプツィヒは、近年、若い移住者が増え、2000年から人口が増加に転じ、地価が高騰しています。

ただ、ライプツィヒの不動産価格はベルリンに比べると安いと、投資家に買われ、転売目的で空き家のまま放置するケースが多くなっています。そのため、2017年に私が訪れた際にも、1棟丸ごと空き家化した集合住宅が点在していました。

韓国でも空き家問題が発生

かたやアジアに目を向けると、例えば、韓国でも全国的に空き家数が増加しています。

2016年の全国の空き家戸数は112万戸、空き家率は6・7％で、日本と同様に空き家率は右肩上がりに増加しています。[6] 韓国は、日本の空き家率（13・5％、2013年住宅・土地統計調査）と比べるとまだ低水準ですが、ソウルへの人口の一極集中を背景に、過疎化が進む地方で空き家問題が深刻化しつつあります。

2016年のソウル特別市の空き家率が3・3％であるのに対し、空き家率が最も高い全羅南道地域では13・5％と、首都圏と地方圏で約4倍もの差があるのが特徴と言えます。[6]

韓国は日本よりも少子化が深刻で、韓国統計庁の出生・死亡統計（速報）によると、2017年の合計特殊出生率（1人の女性が生涯に産む子どもの数の平均）*1は、1・05人と過去最低となっています。[7] 少子化が進んでいると言われる日本ですら、合計特殊出生率は1・43（2017年）ですから、今後、かなりのスピードで人口が減少すると予想されています。

こうした状況を危惧してか、最近私のところに、韓国のテレビ局から日本の空き家問題についての取材依頼が続いています。韓国の取材クルーに番組の主旨をお伺いすると、韓国では、国や自治体がようやく空き家対策に踏み出しつつあるので、実際に日本ではどのような空き家対策を講じているのかを紹介したいとのことでした。

このように、欧米でもアジア各国でも、産業構造の変化や雇用の喪失、大都市への一極集中による人口流出や少子高齢化が大きく影響し、空き家問題が発生しています。

そんな中、世界の人口減少都市では、空き家があふれた都市を再生させるために、様々な取り組みが展開されてもいます。

そこでここからは、急激な人口減少を経験し、大量の空き家が発生したデトロイトに着目し、今後、日本でも取り入れる必要性が高まっているアメリカのランドバンクの取り組みを見ていきましょう。

2・デトロイト市ランドバンクの取り組み

ランドバンクとは何か？

アメリカには、デトロイト（ミシガン州）以外にも、セントルイス（ミズーリ州）、クリーブランド（オハイオ州）、ピッツバーグ（ペンシルバニア州）など、人口が大幅に減少し、空き家・空き地問題が深刻化した都市が多く存在しています。そのため、**ランドバンク**という組織を設立して、空き家・空き地問題に対応している都市が見られます。
「ランドバンク」とは、地域の荒廃を減少させ、放置された空き家・空き地や税滞納差押物件等を利用される物件に転換し、課税対象の状態に戻すことを目的とした公的な機関です。(8)(9)
言い換えると、民間市場では扱われないような放置・放棄された空き家・空き地の取得・維持管理を行い、利用される物件へと転換するための受け皿・あっせん機関です。静岡文化芸術大学の藤井康幸教授によると、ランドバンクは全米で120～130機関（2016年4月時点）あり、法的な位置づけ、組織形態、権限、対応実態が地域によって非常に多種多様であると指摘されています。

ランドバンクの運営費は、一般的に、自治体の税金、郡・州・連邦などからの助成金、慈善財団等からの寄付金、物件の売却収入、独自の社債等の発行などでまかなわれています。ランドバンクは、市場の経済メカニズムから外れた物件の再利用を目指しているため、その多くは補助金や寄付金がなくては運営が難しいとされているのです。[11]

アメリカには、日本と違って巨額の資産を持つ有力な民間慈善財団がたくさんあり、社会貢献に大きく寄与しています。デトロイトではKresge財団（ディスカウントチェーンKmartの創始者が設立した慈善財団）が「Detroit Future City」という都市の将来ビジョンを提案し、この実現に向けて活動する非営利団体やコミュニティ団体への支援を積極的に行っています。

滞納された税金が帳消しになる仕組み

デトロイト市ランドバンクは、2008年に設立されましたが、市の財政難や民間市場の悪化、政治的な状況などで大きな動きは見られませんでした。

デトロイト市があるウェイン郡にも、郡のランドバンクがありますが、税収を確保することを主眼に郡の税金滞納差押物件の競売を繰り返したため、競売で売却されても、結局、再び税金が滞納されて差押物件になり、地域の改善に貢献していないどころか、さらなる衰退の原因となっていると指摘されています。[9] 競売での購入者のなかには、うまく転売できない場合、物件を放置し、税金も滞納するという事態が続出したのです。

こうした中、2014年1月に就任したMike Duggan市長が、デトロイト市ランドバンクを大幅に再編したことをきっかけに本格的に動きだし、スタッフ数もパートタイムを含み約90名規模（2015年秋時点）にまで増えています。[9]

デトロイト市ランドバンクの仕組みを、図表3－1にまとめました。

ここからわかるように、市内の空き家・空き地のうち、税金滞納で郡が競売でも売れなかった物件や自治体が保有している物件、放置された空き家で裁判所に手続きをした物件が移管され、かつ滞納された税金等が帳消しになる仕組みが備わっています。

その結果、2016年には、ランドバンクが保有する空き家・空き地の件数は約10万件に達しており、実に市内の全区画（約38万区画）の約4分の1もの区画を、デトロイト市ランドバンクが保有しています。この10万件のうち、空き地は約7万件、空き家は約3万件で、圧倒的に空き地が多くなっています。[10] 空き地が多い理由は、地域の荒廃を除去するために、これまで連邦からの補助金が約187億円（2010年2月から2016年4月までの合計）[9]がつぎ込まれ、大量の空き家が解体されてきたためです。

ランドバンクによる空き家・空き地「トリアージ」

デトロイト市ランドバンクに移管された空き家や空き地は、法的に整理すべき問題も立地や建物の状態も多種多様であるので、これらの対応策を適切に判断するために専門的な観点から**選別**（トリアージ）[*2]が行われています。

つまり、デトロイト市ランドバンクが、「空き家を解体・除却」「空き家を修繕」「将来の売却や再開発のために空き家を保有」「空き地のゴミや残骸を掃除して保有」といった選択肢のうち、物件ごとにどれが適切なのかを判断しているのです。

そのプロセスとしては、まず、所有権の取得や法的権限を得るための手続きの調査を行います。次に、建築業者と環境の調査員が一緒に現地を訪れ、空き家や空き地の現状を建築と環境の両面から調査し、近隣のコミュニティ特性や活動状況も勘案しながら、どの選択肢が適切かを評価します。そして、図表3－1のとおり、ランドバンクが物件ごとに適切な対応策を見極め、あっせん・仲介をします。

ちなみに、これらの選択肢の中で最も多く利用されているのが、写真3－6のような「隣

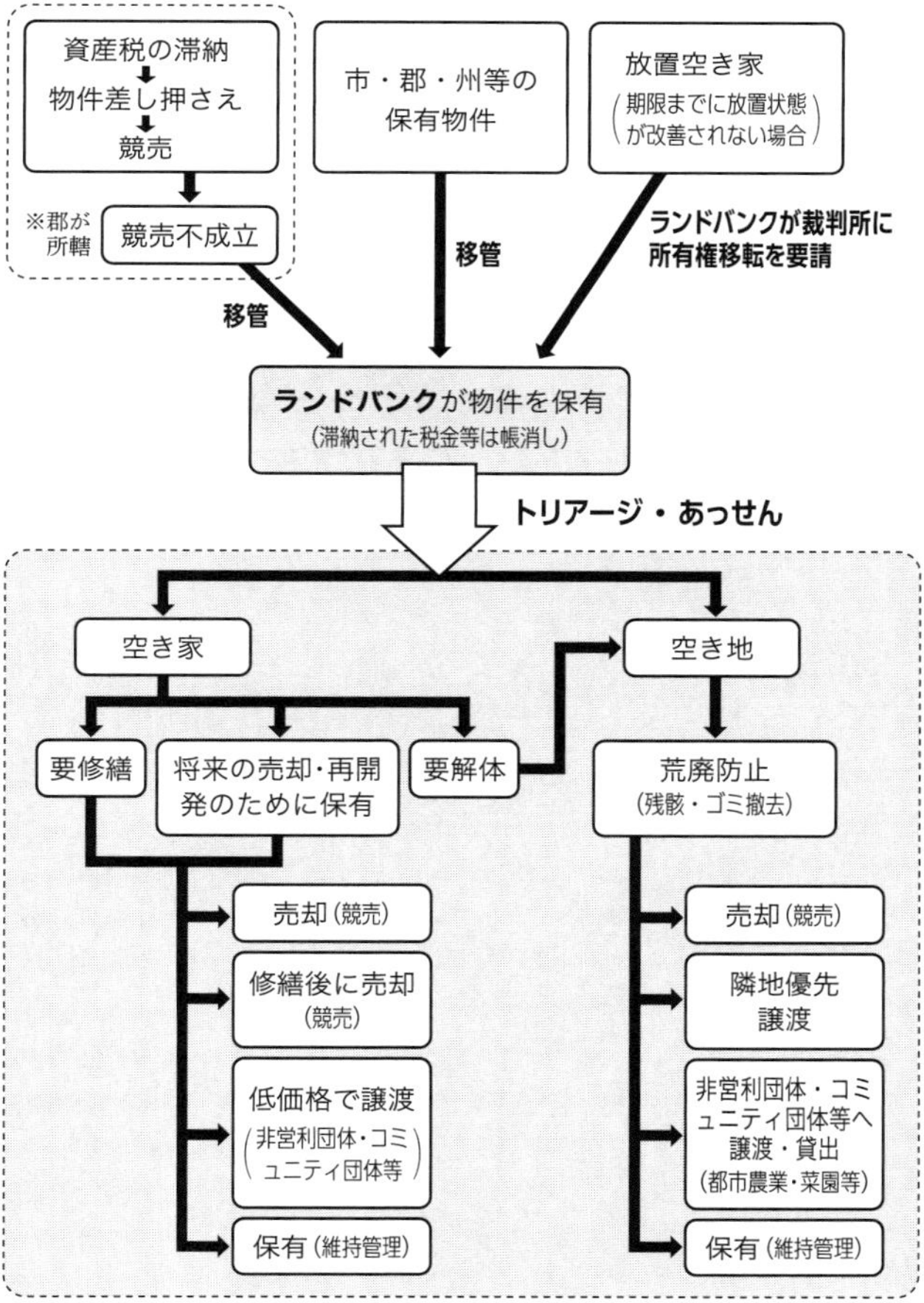

図表3-1　デトロイト市のランドバンクの主な仕組み
藤井康幸氏の博士論文（2016年）[9]、日本司法書士会連合会司法書士総合研究所業務開発研究部会提言（2018年）[11]、Detroit Blight Removal Task Force Plan（2014年）[12]をもとに作成

写真3-6　空き家解体後の空き地を隣地所有者へ優先譲渡した例。庭にプールが設置されている
（2018年8月筆者撮影）

の住民に空き地を優先的に譲渡する」というメニューで、譲渡の際の価格は、一律たった１００ドルとされており、２０１６年9月時点で、５２８７件にも上っています。[9]

一律１００ドルと無償に近いような価格で隣の住民に空き地を譲渡することになっても、責任をもって維持管理をする担い手を確保できること、地域の更なる荒廃を防げること、課税対象の土地になること、より広い区画とすることで豊かな住環境へと再編できることなど、隣地優先譲渡は、地域にとってもランドバンクにとっても、様々なメリットが見込める手法であると考えられています。

このように、デトロイト市ランドバンクは、物件ごとの対応策を判断するために専門的な観点から選別（トリアージ）を行い、空き家・空き地を「使われる」物件に転換し、課税対象に戻すために、隣地居住者などの「責任ある所有者・利用者」に橋渡しをするための条件整備と、その権限を持った公的な機関と言えます。

空き地を「使う」取り組み

デトロイトのような深刻な人口減少都市では、そもそも新規の住宅や都市機能の開発ニーズが乏しいため、解体後の跡地の多くはそのまま残り続け、税金等での空き地の維持管理コストが増大していきます。そのため、戦略的に菜園やコミュニティガーデン、都市農地などのオープンスペースとして整備を進めることで、民間の担い手によって空き地の維持管理がなされ、エリアの価値を向上させていくほうが現実的です。

実際に、民間慈善財団や企業等の支援を受けて、非営利組織やコミュニティ団体が、空き地をコミュニティガーデン（写真3－7）、菜園（写真3－8）、都市農地（写真3－9）、植林による林地（写真3－10）などに転換する草の根活動[13][14]を進めています。

写真3－8は、空き地が「Pick as You Please」（どうぞご自由にお摘みください）という看板が掲げられたコミュニティ菜園になったところです。こうした菜園化の取り組みには、コミュニティづくり（住民間の交流促進）という側面とともに、デトロイト市内の貧困層は、安価でカロリーの高い食品を摂取してしまいがちで、健康上の問題を抱えやすいため、身近に野菜を入手できる環境づくりを目指すという考え方も含まれています。デトロイトの市内に取り残された多くの貧困層は購買力が乏しいこともあり、食料品を扱うスーパーマーケ

写真3-7　空き地のコミュニティガーデン化（2018年8月筆者撮影）

写真3-8　空き地の菜園化
（2018年8月筆者撮影）

写真3-9　空き地の都市農地化
（2018年8月筆者撮影）

写真3-10　空き地の林地化
（2018年8月筆者撮影）

ットなども撤退してしまったことがその背景にあります。

また写真3－10のように、市の北東部エリアにいくと、おそらくオーク（楢）と思われる若木が植えられている風景が広がっています。これは、ハンツ財団の「Hantz Woodlands」という取り組みで、まずは空き地で樹木を育てることで治安を改善させ、エリアの美しさと価値を高めることを目的にしています[15]。

デトロイトでこうしたオープンスペース系の土地利用に転換させることができているのは、放置・放棄された空き家・空き地の所有権がデトロイト市ランドバンクに大量に移管されるという法的な仕組みがあること、連邦政府などからの巨額の補助金が投入され、大量の空き家を解体できたこと、有力な民間慈善財団からの支援があること、教会を中心とした組織などが草の根的活動の担い手になっていることなどが挙げられます。

3・人口減少都市の土地利用転換に向けて

日本とデトロイトの人口・世帯数推移の比較から

ここで改めて、なぜデトロイト市が深刻な空き家問題を抱えることになったのかを考え

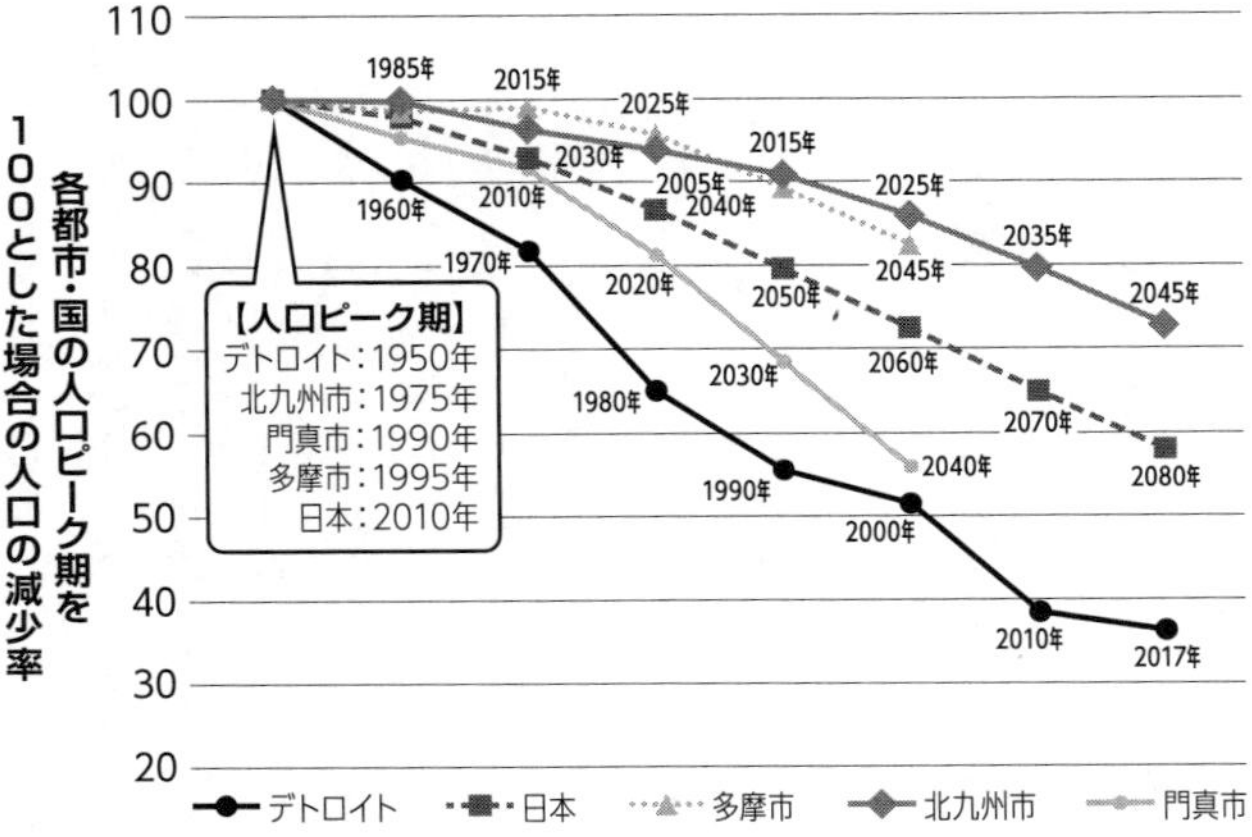

※人口ピーク期とは、US. Census、日本の国勢調査の実施年で人口が最も多かった年としたため、実際のピーク年とは異なる

図表3-2　デトロイトと日本および日本の3市の人口推移の比較
US. Census、国立社会保障・人口問題研究所「日本の地域別将来推計人口（平成30〔2018〕年推計）」のデータをもとに作成

てみると、急激な人口減少も確かに大きな要因ですが、他市への人口流出に伴う世帯数の減少が大きく影響しています。

なぜなら、**空き家問題には、人口減少だけでなく、世帯数の減少が大きく関係する**からです。例えば、一つの家で暮らしていた家族の子供が大きくなって独立して家を出ると、世帯分離が発生して2世帯に増えます。一方、その家族（世帯）が他市に転居したり、住宅の居住者が全員他界すると、その市の世帯数は減ることになります。

そこで、人口・世帯数の推移と将来推計に関する各種データ*3をもと

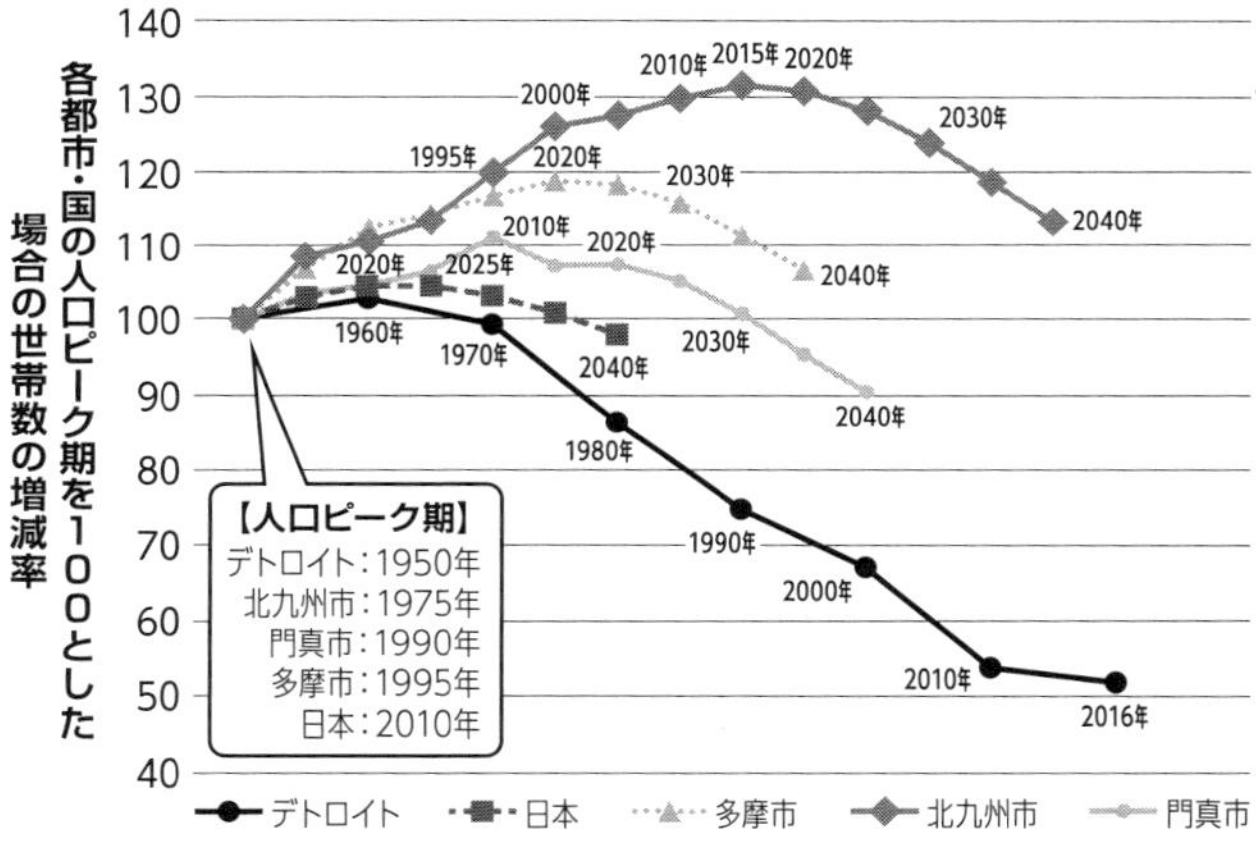

※人口ピーク期とは、US. Census、日本の国勢調査の実施年で人口が最も多かった年としたため、実際のピーク年とは異なる

図表3-3　デトロイトと日本および日本の3市の世帯数推移の比較
US. Census、国立社会保障・人口問題研究所「日本の地域別将来推計人口（平成30〔2018〕年推計）」、市の2015年以降の世帯数予測は国土技術政策総合研究所「将来人口・世帯予測プログラムVer.1.3」を用いた計算結果のうち、2015年までの国勢調査の実績値に基づき一部補正したデータをもとに作成

に、デトロイトと日本について、各都市・日本の人口ピーク期を100とした場合の人口・世帯数の増減率を比較してみました（図表3－2、図表3－3）。

ただ、デトロイトという都市と日本という一つの国を比較するのも無理があるので、政令指定都市の中で、2015年から2045年の人口減少率の推計*4で減少率が最も高い北九州市と、東京都・大阪府の市の中で、2015年から2045年の人口減少率の推計が最も高い多摩市と門真《かどま》市も対象にしました。なお、日本・自治体の世帯数は、国勢調査をベースにしています。

図表3－2と図表3－3を比較して見てみると、デトロイトと日本は、世帯数の傾向が全く異なっています。デトロイトは1950年から人口減少をしていますが、その10年後の1960年から世帯数も減少しはじめ、1970年以降は人口だけでなく世帯数も激減しています。これは、デトロイトから他の都市へ大量に人口・世帯が流出したからです。

一方、日本は、世帯分離が進み、かつデトロイトのように世帯ごと大量に市外へ流出するという現象が現時点では見られないため、人口が減少し始めてからも、しばらくの間、世帯数は増加します。例えば、門真市では1990年から人口が減少し始めていますが、世帯数は20年後の2010年がピークになっています。[*5]

つまり、日本の大都市圏にある人口減少都市では、人口と世帯数の減少には20～30年のタイムラグがあることがわかります。そのため、既に人口の減少が進んでいても、デトロイトのように世帯数の急減によって大量に空き家化するという現象は、現時点では、日本では起きていません。しかし、図表3－3のように、人口減少が始まってしばらくすると、世帯数のピークを迎え、デトロイトほどではないにしろ、長期的には世帯数が減少していくという事実にきちんと目を向ける必要があります。

高齢世帯が増え、衰える街に

もう一つ、デトロイトと異なる点として、日本は、世帯数という「量」の問題だけではなく、「構成」の問題が挙げられます。**日本で世帯数が増加するといっても、実は高齢世帯が増えていくだけ**なのです。

例えば、東京都の世帯数の予測（2014年3月公表）を見ると、東京23区の世帯数は、確かに2030年頃までは増加していきますが、2010年から2035年の世帯の構成を見ると、世帯主が65歳以上の世帯は51万世帯増加（1・4倍）するものの、世帯主30〜44歳の世帯は44万世帯も減少します。

この44万世帯の減少とは、世田谷区の総世帯分（2018年）に相当するほどの規模です。開発ラッシュで勢いづく東京23区ですら、全体の世帯数は増加しても、住宅の一次取得層である若い世帯の絶対数は減少していきます。

今後、大量相続時代を迎え、高齢世帯の持ち家やその土地が大量に空いてくると、世帯分離によって住宅を必要とする若い世帯の絶対数は減っていくため、エリアによっては住宅総数の過剰状態がますます進んでいきます。

つまり、国や自治体が、空き家が面的に発生することが予見されるまちに対する「予防策」を先送りしていると、エリアによっては、デトロイトのような「**衰える街**」になってしまいかねません。

デトロイトと日本の前提条件の違い

今後、人口も世帯数も減少していく日本では、相続した住宅を「住宅」として使う需要が減少していくため、デトロイトのように、菜園やコミュニティガーデンといったオープンスペース系の土地利用への転換について、今のうちから検討しておく必要があります。

本章の最後に、こうしたオープンスペース系の土地利用の実現に向けて、デトロイトと日本でどのような違いがあるのかを少し考えてみたいと思います。

写真3-11は、デトロイトのハンツ財団が、ランドバンク保有の土地を買い取り、良好な環境にしようと空き地に次々と木を植えているエリアです。一方、写真3-12は、1960年代に宅地造成された埼玉県の丘陵地にある郊外住宅団地で、長年、家が建てられずに空き地のまま放置された区画に加え、同じ通り沿いに何軒も空き家が連なって発生している箇所も見られます。

これらの二つの写真は、一見、同じような空き地が広がるまちの風景に見えます。しかし、両者には、「目に見えない」前提条件に大きな違いがあります。

デトロイトでは、税滞納物件がランドバンクに移管され、連邦政府からの補助金で大量

写真3-11
デトロイトの空き地の林地化エリア
(2018年8月筆者撮影)

写真3-12
埼玉県の空き地が多い郊外住宅団地
(2018年9月筆者撮影)

の空き家が解体され、公的機関のランドバンクが広大な空き地を保有し、維持・管理をしています。ですので、住宅等の開発需要は乏しくても、空き地の隣地の住民に譲渡したり、民間慈善団体等による草の根活動を進めていくための前提条件が整っている、いわば空き地を使うための「素地」ができていると見ることができます。

一方、日本では、空き家・空き地に個々に存在する所有者と連絡がとれない、所有者が直ちにわからない場合も近年増えており、中には相続未登記で所有者が多数・不明となっているところも見られます。また、空き家は荒廃していても放置されることが多く、空き地にすらなりません。

日本では、所有者は固定資産税を払いつつ、とりあえず置いておくというケースも多く、デトロイトのように税金の滞納で自治体が差し押さえる事態は多くありません。固定資産税等を滞納されていても、税額が低い場合は、自治体も競売をする手間とコストに見合わないため、差し押さえの対象にならないケースもあります。

日本の空き家バンク（一部、空き地も取り扱っている）では、バンク自身が、空き家や空き地を取得・保有する機能は持ち合わせていませんし、自治体は基本的に不動産の寄付を受け取らないため、空き家・空き地を取得・保有することもほとんどありません。

加えて、世界的に見て治安が良好な日本で空き家を放置したとしても、デトロイトのようにギャングが住みついて地域の治安が悪化し、市民の命にかかわる問題に発展する事態は考えにくい状況にあります。そのため、日本の法制度的な枠組みや財政難の中では、積極的に、空き家・空き地問題に対して国や自治体等が関与するための「公共性」があると明確に主張しにくい面もあります。

要するに、日本は、たとえ都市計画として将来の土地利用のビジョンは示せても、また、幸運にもこうしたビジョンに即して空き家や空き地を積極的に使いたいという民間団体や地域コミュニティが現れたとしても、実践に踏み出すための条件すら整っておらず、まちづくりを行うための「素地」をつくることから始めなければいけないのです。

デトロイト市ランドバンクから学ぶべきは、まちを「使える」ようにするための「素地」をつくることであり、そのためにこそ、「住まいの終活」が必要不可欠なのです。

第３章補注

＊１　人口を維持するには、合計特殊出生率が２・１人以上必要とされている。

＊２　トリアージとは、「選別」を意味するフランス語に由来した言葉で、フランス軍の衛生隊が始めたもの。災害医療の現場では、限られた医療資源（医療スタッフ、医薬品等）を最大限活用するため、負傷者を傷病の緊急性・重傷度に応じて分類し、治療の優先順位を決定することを意味する。実際に、２０１４年６月の「Detroit Blight Removal Task Force Plan」の中で、「STRATEGIC ASSESSMENT TRIAGE TOOL (SATT)」「トリアージ」という言葉が使われている。

＊３　United States Census Bureau、国立社会保障・人口問題研究所「日本の地域別将来推計人口（平成30〔２０１８〕年推計）」、国土交通省国土技術政策総合研究所「将来人口・世帯予測プログラムVer.1.3」を利用した。

＊４　「２０４５年市町村将来推計人口ランキング（https://ecitizen.jp/Population/Ranking）」では、国立社会保障・人口問題研究所「日本の地域別将来推計人口（平成30〔２０１８〕年推計）」のデータに基づき、市町村別の２０１５年から２０４５年の人口増減率が算出されている。

＊５　北九州市・門真市の国勢調査の世帯数は減少に転じているが、住民基本台帳に基づく世帯数は増加している。これは、住民票の届出場所と実際に住んでいる場所が一致しない場合があること、国勢調査の世帯数は、寮・寄宿舎・高齢者福祉施設を棟ごとにまとめて1世帯とするなど、世帯の定義が異なるためと考えられる。

第３章引用文献

（１）Shrinking CitiesのＷｅｂサイト http://www.shrinkingcities.com/
（２）小林庸至（野村総合研究所）「デトロイトの財政破綻から何を学ぶか」、ＮＲＩパブリックマネジメントレビュー Vol.122, September 2013
（３）Detroit Future city "139 SQUARE MILES", August 2017
（４）Southeast Michigan Council of Governments "Population and Household Estimates for Southeast Michigan", December 2017
（５）大谷悠「縮小都市ライプツィヒの地域再生 前編：空き家仲介団体『ハウスハルテン』と『家守の家』」、『季刊まちづ

くり』38、学芸出版社、２０１３年4月
（6）周藤利一「韓国　スピード感のある空き家整備事業」、米山秀隆編著『世界の空き家対策』、学芸出版社、２０１８年
（7）朝鮮日報オンライン「17年の出生数35・7万人で過去最少　前年比12％急減＝韓国」、２０１８年2月28日
（8）Frank S. Alexander "Land Banks and Land Banking", Center for Community Progress, June 2011
（9）藤井康幸「米国におけるランドバンクによる空き家・空き地問題対処に関する研究」、博士論文（東京大学）、２０１６年12月
（10）藤井康幸「アメリカの人口減少都市におけるランドバンクによる空き家・空き地活用事業」、比較住宅都市研究会、２０１８年5月31日
（11）日本司法書士会連合会司法書士総合研究所業務開発研究部会（石田光曠・平野次郎・村上毅）「提言：時代に合致した不動産所有のカタチと制度」、２０１８年2月26日修正版
（12）Detroit Future city "Detroit Blight Removal Task Force Plan 2nd Printing", June 2014
（13）新妻直人・黒瀬武史・矢吹剣一「デトロイト市における慈善財団によるグリーンインフラストラクチャー整備支援に関する研究」公益社団法人日本都市計画学会都市計画報告集№16、２０１７年8月
（14）黒瀬武史・矢吹剣一・高梨遼太朗「デトロイトにおける財団を中心とした非営利セクターによる空き地利用転換の取組」公益社団法人日本都市計画学会都市計画報告集№15、２０１６年5月
（15）Hantz Woodlandsウェブページ http://www.hantzfarmsdetroit.com/

第４章　空き家を救う支援の現場から

写真4-3
波子町（島根県江津市）の町並み
（2018年5月筆者撮影）

写真4-4
波子町に貼られたポスター
（2018年5月筆者撮影）

1・住まいのトリアージとは何か

埼玉県毛呂山町の場合

私たち自身は、住まいの終活に向けて、何を考えるべきなのでしょうか？

それは、自分たちから子供世代や他の相続人へとバトンタッチすることになる、あるいは相続することになる住まいについて、あらかじめどのような選択肢があるのかを考え、対応策や戦略を練る、つまり、「**住まいのトリアージ**（選別）」を考えることです。

本書では、「住まいのトリアージ」を、「**空き家の老朽化度・広さ・間取り・立地などの物的な条件と、エリアの特性や近隣・コミュニティの状況を見極め、空き家やその跡地の選択肢を検討するための活動**」と定義します。

住まいの終活に向けて、日本で実際にどのような選択肢があるのかを実態に即して考えるために、デトロイトのランドバンクが行っている「空き家トリアージ」なるものを、毛《も》呂《ろ》山《やま》町《まち》（埼玉県）の協力のもと、東洋大学理工学部建築学科の教員・学生たちとともに試行[*1]してみることにしました（なお、このトリアージは、「毛呂山プロジェクト」として研究室や学生の演習として取り組んだものであり、空き家トリアージという取り組みやその評価などは、毛呂山町の政策や見解とは関係ありません）。

毛呂山町は、埼玉県のほぼ中央、東京都心から約50㎞圏に位置する人口約3万4000人（2018年4月）のまちです。鉄道は、JR八高《はちこう》線と東武越生《おごせ》線の2路線が通っており、東武東上線の坂戸《さかど》駅の乗り換えで池袋まで約1時間程度の距離にあり、宅地開発によって1960年代から都市化が進みました。

関東平野と秩父山系に連なる山地が接する立地にあり、森林、農地、果樹園などの自然環境の豊かさを享受しながら、都市的生活が可能なまちです。地価は、例えば東武越生線武州長瀬《ぶしゅうながせ》駅から徒歩10分圏内の立地の住宅地の取引相場は坪11・2万円です。(1)

空き家が多いエリアの特徴

この毛呂山町は、総務省の2013年住宅・土地統計調査では、賃貸や別荘をのぞく「その他空き家」率が8・8%と、埼玉県内でワースト1とされています。

しかし、毛呂山町が空き家実態調査（2016年）[*2]を行った結果（図表4－1）では、戸建住宅等の空き家率は4・27%、空き家実数は623件でした。(2)この誤差は、総務省の住宅・土地統計調査は、全戸調査をした結果ではなく、標本調査による推計値であることが要因として考えられます。そのため、正確な空き家率や実数を明らかにするためには、各

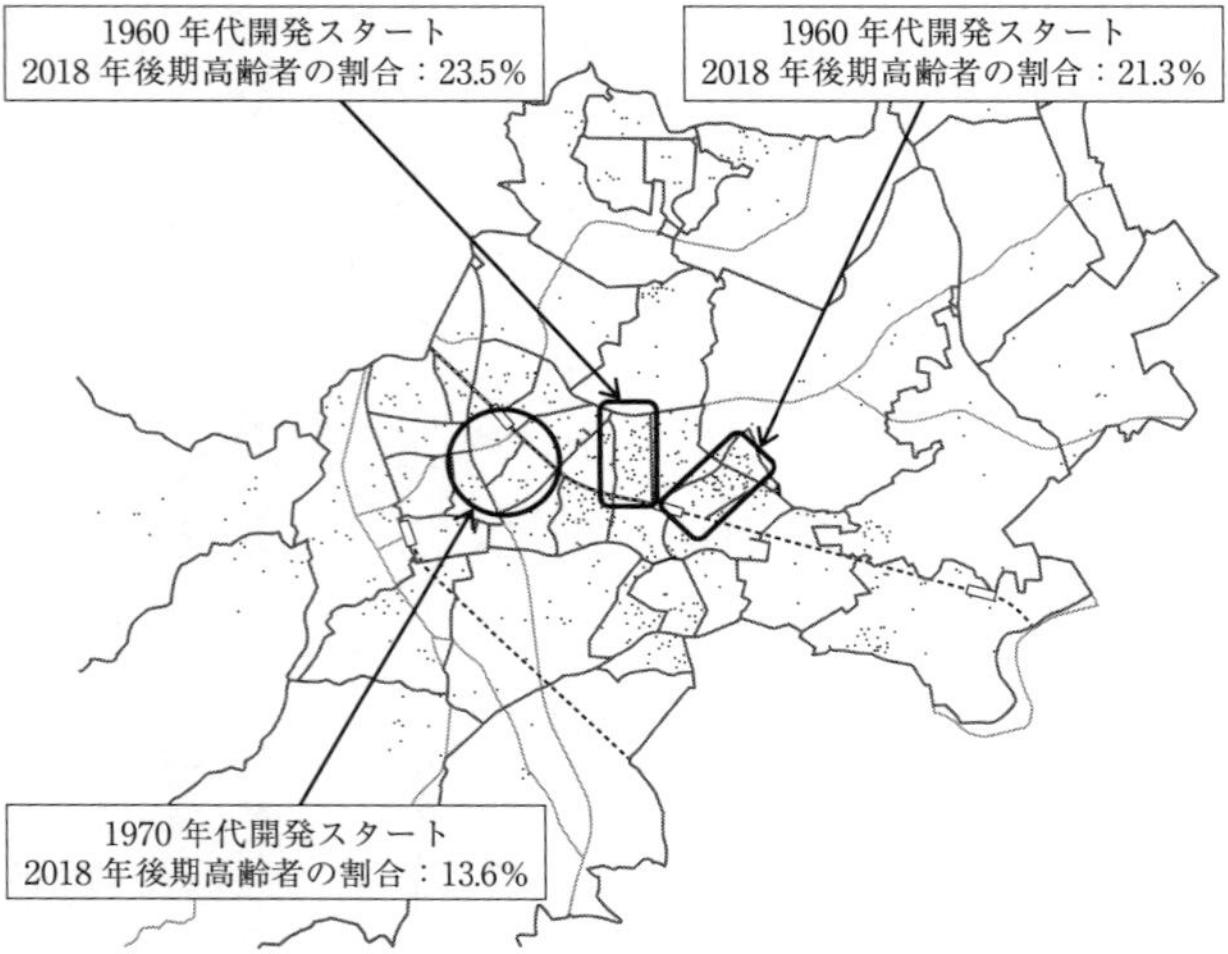

図表4-1　毛呂山町の空き家分布図
第1回毛呂山町空家等対策協議会資料（2017年1月）、及び、埼玉県町（丁）字別人口調査（2018年1月1日現在）結果報告をもとに作成

自治体が空き家の実態調査を行う必要があるのです。

一般的に、日本の住宅団地の多くが1970年代以降に開発されていることが多いのですが、図表4-1で空き家が密集しているところは、いずれも1960年代と少し早い時期に開発された戸建ての団地です。

これらの団地の後期高齢者（75歳以上）の割合を見ると（2018年1月1日）[3]、毛呂山町全体の14・3％（全国平均13・9％）[4]に比べて、23・5％、21・3％と非常に高くなっています。

つまり、大都市圏の郊外住宅地

の中でも、住宅団地としての開発時期が早かったため、他のまちよりも少し早く住民の老いが進行し、相続が発生することによって、先行して面的な空き家問題が出始めているエリアとも言えます。今後、住まいの終活が浸透せず、問題先送り体質から転換しなければ、開発時期や市街化した時期が古い順に、住民の老いの進行とともに、空き家が全国的に増えていく可能性を示唆しています。

空き家トリアージを試行してみた

空き家トリアージの対象は、毛呂山町の中で、「良質な住宅団地」(写真4－1)、「古くからの住宅団地」、「まとまった農地エリア」(写真4－2)、「無秩序に開発が進んだエリア」など、多様な地域特性を持ったエリア内の空き家としました。

まず、外観からの目視調査で建物の老朽化度を評価し、それぞれの空き家から徒歩圏内に生活インフラ(スーパー、コンビニ、小学校)があるか、最寄り駅からの距離、都市計画法上の位置づけ、接道、敷地規模、駐車スペースの有無を調べていきました。建物は、築30年以上のものばかりで、築70年の古民家も含まれていました。さらに、リフォーム程度で利活用可能と思われる空き家や、修繕すれば利活用可能など、建物の状態を評価しました。

こうした評価を行ったうえで、デトロイトのトリアージを参考に、物件ごとに「建物を

写真4-1　良質な住宅団地の例（国土地理院の空中写真より）

写真4-2　まとまった農地エリアの例（国土地理院の空中写真より）

活かす」「建物を解体する」のいずれかを判断し、それぞれ、どのような利活用の方向性があるのかを検討していきました。その一例をまとめたのが図表4－2（130ページ）です。

例えば、「良質な住宅団地」（写真4－1）の空き家①は、駅から徒歩圏内で生活インフラが整った立地が良い住宅団地内にあり、敷地規模も約45坪あるため、簡単なリフォームで「建物を活かす」ことが可能と評価。しかし、用途は、オフィス付き住宅（SOHO）など、低層住宅地を「働く場」ともなるような付加価値をつけた住宅にリノベーションするなど、ひと工夫が必要と評価しました。

「古くからの住宅団地」の空き家②は、駅から近く、生活インフラも整っており、立地が良いものの、各敷地規模が狭いため、まずは隣地住民に土地の売却を打診し、隣地への売却ができない場合には、生活の利便性や地価の安さを活かし、シェアオフィスや単身世帯向けの賃貸住宅にリノベーションをすることが必要と評価しました。

災害の危険性があるエリアの空き家

一方で、「まとまった農地エリア」（写真4－2）の空き家③は、駅から遠いなど立地条件は良いとは言えず、一般的な住宅需要を見込むことは難しいものの、都会に近い立地で豊かな自然環境を享受できる地域固有の魅力があるため、例えば、2地域居住用住宅、農業・定住体験住宅、農業体験型民泊等へ転換する、また、建物を解体する場合には近隣の農家と連携して市民農園にするなど、意外にも様々な可能性があると評価しました。

最も利活用の方向性を見出すのが難しかったのは、「無秩序に開発が進んだエリア」の空き家④や、同エリアで土砂災害警戒区域などの災害の危険性がある空き家⑤、「古くからの住宅団地」で立地条件が良いとは言えない空き家⑥です。空き家自体は修繕すれば利活用可能であっても、長期的には、住宅としての需要が減少していく中で、地域固有の特徴が見出しにくく、他のエリアとの差別化が図れない場合には、コストをかけてリノベーションをしても、買い手がつく見込みが低くなっていくことが予想されます。

仮に、空き家を解体したとしても、その跡地の活用自体も非常に難しく、近隣住民の駐

検討項目		空き家①	空き家②	空き家③	空き家④	空き家⑤	空き家⑥
地域特性		良質な住宅団地	古くからの住宅団地	まとまった農地エリア	無秩序に開発が進んだエリア		古くからの住宅団地
建物の老朽化度（外観調査のみ）		築31年 木造2階	不明 木造平屋	築34年 木造平屋	築39年 木造2階	築46年 木造平屋	築51年 木造2階
		簡単なリフォームで利活用可	修繕すれば利活用可	修繕すれば利活用可	修繕すれば利活用可	荒廃	修繕すれば利活用可
生活利便性（徒歩圏内のスーパー・コンビニ・小学校の有無）		◎	◎	△ スーパーなし	△ スーパーなし	× スーパー・小学校なし	× スーパー・小学校なし
敷地条件	最寄り駅	徒歩約7分	徒歩約3分	徒歩圏外	徒歩圏外	徒歩約10分	徒歩約15分
	都市計画法上の位置づけ	市街化区域・居住誘導区域	市街化区域・居住誘導区域	市街化調整区域	市街化調整区域	市街化区域・居住誘導区域外（土砂災害警戒区域）	市街化調整区域
	接道	約5m（角地）	約3.8m	約3.6m	約4.5m（角地）	約2m 行き止まり	約4m（角地）
	延べ面積/敷地面積（㎡）	130/150	40/87	90/390	85/95	35/140	90/135
	駐車場	1台	1台	1台	1台	1台	なし
評価	建物を活かす	○	○	○			△
	建物を解体		○	○	○	○	○
考えられる利活用の方向性（例）	建物を活かす	SOHO（オフィス付き住宅）、DIY向け住宅、教室やアトリエ付き住宅等	単身世帯向け賃貸住宅、SOHO（オフィス付き住宅）、カフェ等	近隣の福祉施設入居者の家族向けゲストハウス、2地域居住用住宅、農業・定住体験住宅、農業体験型民泊等			近隣の大学の学生・留学生のためのシェアハウス、菜園付き賃貸住宅等
	跡地の活用		隣地拡大（隣地所有者への売却を模索）	市民農園等	★空き家・跡地共に利活用困難（解体後、近隣の福祉施設の菜園や駐車場等）	★空き家・跡地共に利活用困難（解体後、転回広場、駐車場、菜園等）	月極駐車場、レンタル倉庫、防災倉庫、地域防災広場、菜園等

図表4-2　毛呂山町での空き家トリアージの例

車場スペースやコミュニティ菜園、防災倉庫の設置場所などとして暫定的に利用する方策しか見当たらないのです。

このように空き家を解体しても跡地を使うための方向性が見えない中では、解体費（建物の構造・材料や道路条件等にもよりますが、一般的な木造住宅で200万円程度）をかけて、また解体後の土地の固定資産税が3〜4倍になることを覚悟して、自主的に空き家を解体しようなどというケースは少ないものと考えられます。

これらは、今後、住まいの終活としても難問となる「民間市場で流通性が低いエリア・物件」になっていく可能性があり、何らかの支援策が必要になってくるものと考えられます。

住まいの終活とまちの価値は密接な関係にある

私が毛呂山町で空き家トリアージを試行してみて、痛感したことがあります。それは、現時点ですら空き家の活用方策が見出せないようなエリア、つまり、将来、相続発生後に空き家化する可能性が高い立地では、宅地開発を許容する「空き家再生産型都市計画」から本格的に転換すべきだということです。

日本全体では、世帯数も2023年頃から減少していくと予測されていますが、市町村別にみても、2010年から2015年の間にすでに世帯数が減少している市町村は79

2と、全市町村の46・3%[*3]もあります。このように、世帯数が減少する中では、必要とされる住宅の量が少なくなっていくわけですから、エリアによっては、今後、民間市場での不動産の流通性はますます低くなっていく可能性があります。

毛呂山町は、無秩序な宅地開発に歯止めをかけるために、規制緩和政策を大幅に見直したり、立地適正化計画の実現に向けた先進的な取り組みを展開しています。

しかし、自治体の中には、まだ世帯数の減少幅が小さく、新築信仰が根強いこともあり、地価が安いから、開発できる土地が見当たらないからと、居住地を焼畑的に広げながら、相変わらず虫食い的な宅地開発を許容しているところもあります。

現時点で新築の物件も、50年後に相続が発生した時には、人口・世帯数は相当に減少しているため、その時に「住まいの終活」をしようにも、エリアによっては、買い手が見つからず、相続する次の世代に様々な負担をかけることにもなりかねません。

こうした50年後などの長期的な話ではなく、これから中古住宅、あるいは解体して土地を売る場合にも、新築物件（ただし、将来、空き家化する可能性が高い立地）と競合することになり、「住まいの終活」にも影響を与える可能性があります。

私たち一人ひとりの住まいの終活が、まちに新たな価値を作り出し、それが逆に、同じまちの住まいの終活を助けていく……というように、住まいの終活とまちの価値は密接な関係にあります。つまり、**今ある住宅・居住地の再生や更新を進めながら、地域の特徴を生かして豊かな住環境にしていくこと**が重要になるのです。

「民間市場で流通性があるエリア・物件」であれば、「住まいの終活」をしていきさえすれば、ある程度は解決できます。しかし、「民間市場で流通性が低いエリア・物件」は、建物やその跡地の使い道の可能性は列挙できても、実際に、責任ある所有者・利用者を見つけて、所有者との橋渡しやマッチングをするコーディネートができなければ、実現しません。

近年、「民間市場で流通性が低いエリア・物件」に対しても積極的に取り組んでいる民間企業、地域に根差したまちづくりNPO、自治体、自分たちのまちを何とかしようと立ち上がったコミュニティ団体も見られるようになっています。

そこで次に、「民間市場で流通性が低いエリア・物件」に対して、実際に空き家やその跡地を「使う」ためのコーディネートに積極的に取り組んでいる先進事例を紹介しましょう。

「空き家コンシェルジュ」の実践

すでに「空き家トリアージ」を日本で実践しているのが、「特定非営利活動法人空き家コンシェルジュ」です。2013年5月に設立され、自治体・地域・建築・税務・法務など各専門家や協会等との連携をしながら、主に奈良県内を中心に、空き家相談窓口事業、空き家の巡回管理、空き家バンクの運営などの活動をしています。

空き家コンシェルジュの空き家バンクは、[*4]「貸したい人・売りたい人」と「借りたい人・買いたい人」の間に入り、双方の連絡や調整など、様々なサポートを行っています。登録された物件は奈良県内がほとんどですが、県外の物件もあります。

空き家コンシェルジュでは、空き家相談窓口に来た所有者や相続予定者の希望や懸念事項の相談に乗り、その空き家の利活用の方向性（売却・賃貸・解体等）を検討していきます。そして、空き家バンクに物件を掲載したり、登録されている利用希望者とのマッチングや橋渡しをします（不動産の仲介行為は行わず、売買や賃貸契約は、連携する宅建業協会を通じて行う仕組みになっています）。

代表理事の有江《ありえ》正太《ただたか》氏によると、奈良県は、歴史的なまちや中山間地など、大都市にはない魅力を持った地域が多く、移住をしたい、観光客のためのカフェやお店を出したいという利用希望者がとても多く、エリアによっては、登録されている空き家の数が圧倒的に足りないそうです。２０１８年８月末時点で、空き家コンシェルジュの空き家バンクの物件登録件数は４４１件、移住希望者登録件数は１５９１件にのぼっています。

また、空き家を探している人は、空き家を買いたいという人よりも、借りたいという人が多く、逆に、空き家の所有者は、売りたい人が多いとのことです。賃貸にすると、入居者が居座ってしまうのではないか、近隣に迷惑をかける人ではないかといった懸念や入居中の設備トラブル等の対応が必要になるなどで、抵抗がある人も多いからです。そのため、空き家コンシェルジュでは、空き家所有者から依頼があった場合、空き家のサブリース（転貸）にも取り組んでいます。

これは、空き家コンシェルジュが空き家を借り上げ、利用希望者に転貸するというもので、サブリース契約は、２０１８年4月時点で約１４０件と、年々、増加しています。入居希望者の中には、ＤＩＹで修繕しながら、自分の空間づくりを自由にしていきたいという人も多いため、空き家を賃貸にする際のリフォーム費用（所有者負担）は2年ほどで回収できる程度にするケースが多いそうです。このあたりも、空き家コンシェルジュが利用希望者と所有者との間でマッチングや調整などをしています。

所有者側は、空き家のまま放置しておくと、建物は傷んでいくため、誰かに住んでもらい、建物状態を維持・向上させてもらえるだけでなく、リフォーム費用が回収できた後は賃料収入が得られるため、その収入からその他の修理費（屋根など）を捻出できるようになる場合もあるそうです。

まずは「お試し賃貸」

近年、東京などの大都市部では、空き家を借り上げて、リノベーション後に転貸するサブリース事業を手掛ける民間事業者も出てきていますが、奈良県内の中山間地域では、地域のことをよく知らない人やお店が来ることで、地域に悪影響が出ることが懸念されがちです。

一方で、新たに地域に入る側も、いきなり空き家を購入して住んだり事業を行うのは、本当に地域になじめるのか？　といった心配もあり、二の足を踏んでしまいます。

そこで、空き家コンシェルジュで取り組んでいるのが、「**お試し賃貸**」です。空き家をいきなり売るのではなく、「お試し賃貸」として利用者に一定期間、賃貸し、入居者がその家や地域の生活環境が気に入った場合には、その物件の売買の交渉をするというものです。

実際に、「お試し賃貸」の後に購入に至るケースも多く、中山間地域などの移住者を受け入れたい地域コミュニティ側からも、是非「お試し賃貸」からにしてほしいという要望が出ているそうです。

また、荒廃して空き家を解体せざるを得ない場合には、どの程度の解体費用がかかるかなどの提案もしています。跡地の利活用については、近隣に声をかけていくことで、近隣住民によるシェア駐車場にするといったように、「使い道」を掘り起こせたケースもあったそうです。

ただ、空き家相談窓口での相談内容は、空き家の管理・売買・賃貸に関することや建築・相続・登記に関することが多いものの、所有者が高齢であるために、資金的なこと、福祉施設への入所のこと、認知症のこと、ゴミ屋敷問題といった人的な問題についての相談も多く、こうした複合的かつ複雑な問題を解決しない限り、空き家の利活用の検討には至らないケースも存在しているそうです。

そのため、空き家コンシェルジュでは、問題が複雑になる前、つまり、空き家が発生する前の「予防」にも力を入れるべきだと、近年では、空き家予防のためのセミナーの開催にも積極的です。

代表理事の有江氏はこれまでの経験から、「建築・不動産・法律・税務・福祉などの幅広い知識を総合的にもち、解決すべき内容ごとに振り分けていくための知識と、地域に根差したネットワークを築ける専門人材の育成が急務だ」と強調しています。

住まいの終活として、「責任ある所有者・利用者」へとバトンタッチしていくためには、空き家コンシェルジュのように、所有者だけでなく、その地域の実情にもきめ細かく寄り添うというスピリットを持った「コーディネーター」が必要不可欠なのです。

２・空き家バンクの最前線〜島根県江津市の尽力

空き家を「使う」需要の創出に力を注ぐ

移住と創業という観点から、空き家を「使う」需要そのものを創出することに力を入れるまちがあります。

そもそも、空き家の使い道についての様々なアイデアは、いろんな人から提案が出てきます。しかし、シェアオフィスとして使えそうな空き家や地産地消のカフェとして最適な空き古民家があっても、誰がどうやって出店者を探すのか？　空き家の所有者との橋渡しは誰がやるのか？　といったところで話が止まってしまいがちです。

また、空き家の所有者（相続人）が遠方に住んでいたり、相続登記をしていない空き家も多いため、市町村の役所であれば所有者を調べられますが、その空き家を使ってみたい人や民間企業では所有者の連絡先を知ることは難しく、連絡を取ることもできません。

こうした様々なハードルを乗り越える取り組みをしているのが江津《ごうつ》市（島根県）です。江津市は、島根県の西部（石見《いわみ》地方）にある人口２万４８６７人（２０１５年国勢調査）のまちで、人口は１９４７年の４万７０５７人[5]をピークに半減しています。２００６〜２００７年に行われた空き家実態調査(6)では、市街地地域の空き家は620戸（空家率9・6％）、中山間地域の空き家は781戸（空家率18・5％）で、空き家率が最も高い集落は40％にものぼっています。

江津市はこのように、早い段階から空き家問題が深刻化したため、空き家を活用した定住対策として、全国に先駆けて2006年度から空き家バンクに取り組んでおり、様々なノウハウが蓄積されています。例えば、市外の所有者向けに固定資産税の納税通知書に空き家バンクの案内を同封するなど、空き家バンクに登録してくれる空き家を待つだけでなく、地域コミュニティ（住民自治組織）と連携し、各地域の空き家の情報取得に努めており、空き家の「掘り起こし」に力を入れています。

住民自治組織等から寄せられた空き家情報をもとに、市が空き家所有者の連絡先を調べ、「空き家バンクに登録しませんか？」といった案内をする取り組みも積極的に行っています。また、農山漁村の空き家は、売買も賃貸もかなりの低額物件で不動産業者が「業」とするには採算が合わないため、商談が成立するまでは、江津市空き家バンクがフォローすることで、不動産業者の負担を軽減*5しています。

2006年度から2017年度の12年間(7)で、約330件の空き家が登録され、空き家バンクを通じて空き家が利活用された物件は累計で134件、移住者は累計で約320人にものぼっています。

この実績を見ると、年に平均11・2件のペースで空き家バンクによる空き家の利活用が実現していることになります。私の研究室で2018年7〜8月に行った市町村の空き家バンクへのアンケート調査(8)では、回答を得た自治体の空き家バンクの平均成約率は年6・5件でした。江津市の空き家バンクの実績がいかに高いかがわかります。

移住と創業

なぜ、空き家バンクの実績がこんなに高いのか、江津市政策企画課地域振興室の中川哉《かなえ》氏に伺った話から要点をまとめてみましょう。

2008年のリーマンショック以降、空き家は紹介できても、働く場が紹介できないという問題が発生しました。それであれば、働く場を作り出すことができる「人材」を誘致しようということで、2010年から、江津市ビジネスプランコンテスト（通称：Go-Con）という取り組みを展開しています。これは、江津市の課題解決や地域性を活かすことを目指しつつ、新たなビジネスを立ち上げたいという人のプランを、公開のコンテスト形式で広く市内外から募集するというものです。

江津市や中間支援組織となるNPO法人てごねっと石見、商工団体・地銀などが、応募段階から事業化までのサポートとともに、事業化後のフォローにも力を入れており、その結果、多様なビジネスの事業化が実現しています。こうした動きと連携しながら、起業したいという人たちに、江津市の空き家バンクから、その起業内容や人柄を踏まえ、適切な空き家を紹介しているのです。

つまり、江津市は、空き家を「使う」ための「需要」そのものを創出すると同時に、自治体の空き家バンクという特性を生かして、空き家所有者との橋渡しをしているわけです。

こうした取り組みを通じて、空き家は、U・Iターン者の住居、福祉施設、企業の社員住宅、地域コミュニティの交流サロン、ゲストハウス・民泊施設、シェアオフィス・シェアハウス、店舗、ものづくり工房などに使われています。

例えば、ビジネスプランコンテスト2012で「空き家のリノベーション・新しい住環境の提案」により大賞となった平下茂親《ひらしたしげちか》氏は、田園地域にある古民家をマクロビカフェとパン屋にリノベーションし、この空き家に入居したパン屋さんもビジネスプランコンテストを通じて創業されたお店となっています。

平下氏は、ビジネスプランコンテストをきっかけに江津市にUターンしてきた方で、「合同会社Design Office SUKIMONO」を創業し、空き家や空き店舗のリノベーション、家具製作など、デザインを通した地域再生に積極的に取り組んでいます。実際に、江津駅前にあった数多くの空き店舗が平下氏らのリノベーションで生まれ変わり、その空き店舗の中にも、ビジネスプランコンテストをきっかけに入居したお店があります。

このように、移住と創業という観点から、空き家を「使う」ための人やコンテンツを開拓すると、そこから地域に更に新たな波及効果を生み出していくことがわかります。

地域コミュニティが空き家バンク機能を持つ波子町

江津市には、地域を何とかしたいという思いから、空き家の利活用について、驚くほど活発に活動を行っている地域コミュニティがあります。

波子《はし》まちづくり活性化協議会の中村勝信氏（2018年没）と地域マネージャーの大崎優子氏に、これまでの取り組みについてお話を伺いました。

波子町は、江津市の西端、古民家が建ち並んだ海沿いの小さな集落で、人口は762人（2018年1月）です。住民の多くが遠い親戚関係にあり、それぞれを氏名ではなく屋号で呼ぶといった生活文化がある歴史的な集落でもあります（写真4-3、123ページ）。

波子町も、年々人口は減り、空き家が増え続けていました。ただ、海水浴場がすぐ前にあるということもあり、以前から、波子まちづくり活性化協議会には、波子町に移住したいという人から空き家を紹介してほしいという問い合わせがあったそうです。

2011年頃から、波子まちづくり活性化協議会が、10年後を見据えて波子町のまちづくりに向けて空き家の実態調査を行った結果、町内の約400件の住宅のうち、80件程度が空き家状態になっていることがわかりました。

そこで、協議会メンバーを中心に、担当する空き家を割り振り、全ての空き家の所有者等に連絡をとり、「誰がどのように管理しているのか」「今後、空き家をどうする意向なのか」「貸すことは可能か」などの意向調査を行っていったのです。

「遠方に住む所有者の連絡先はどうやって調べたのか？」と私が訊ねたところ、波子町は町民の多くが遠い親戚関係にあるため、所有者等に何とか連絡がつくケースも多く、町民から所有者等に電話をかけてもらったり、町民が所有者等の同意をもらったうえで連絡先を教えるなどで対応したそうです。

そして、連絡をした際には、江津市の空き家バンクに登録できる状態のものは、なるべく登録してほしいと案内し、空き家バンクに登録されなかった空き家の中で、所有者が売りたい・貸したいという意向があれば、波子まちづくり活性化協議会が空き家を探しているという移住希望者に取り次ぐなどの取り組みもしています。

波子町には、写真4－4（123ページ）のようなポスターが掲示されており、地域コミュニティが、自主的に市の空き家バンクの地域密着版のような役割をしているのです。

こうした地域コミュニティの活発な活動により、約80件のうち活用された空き家は約30件にものぼり、うち20件程度は新たな所有者へ売却されたそうです。その結果、ここ数年で移住者は約50人にもなり、波子町の人口減少が止まりつつあるそうです。

江津市や波子町の取り組みは、私たち一人ひとりがきちんと「住まいの終活」を行い、責任ある所有者や利用者へと住まいを引き継いでいけば、次世代の住まいや働く場として「使われる」まちへと変えていけるということを示唆しています。

3・売り手支援の最前線～マッチングサイトの仕組み

売りたい人を支援する「家いちば」

家財道具などが残された空き家、雨漏りのある空き家、水道は井戸水で風呂なしの空き家、空き巣に放火されて焼けた別荘の跡地、広大な山林・別荘・リゾートマンション、離島の廃業した病院、工場・倉庫……このような、一般の民間不動産では扱ってくれないような物件を売りたい人の救世主とされているのが、不動産を直接売りたい人の掲示板サイト「**家いちば**」(9)です。

掲示板には、北海道から鹿児島県までほぼ全国にわたり、2018年8月末時点で145件の物件が掲載されており、希望価格は、0～8500万円と様々です（応相談とするものが多い）。中には、価格0円で現状引き渡し（家財道具一式込み）や、片付け料として売り主から50万円差し上げますという物件も見られます。逆に、所有者が良好な状態を維持してきた築150年になる茅葺古民家をきちんと維持してくれる人に買ってほしいといった、これまで大切にしてきた資産の引き継ぎ手を探したいというケースも見られます。

「家いちば」は、不動産コンサルタントの藤木哲也氏が2015年に立ち上げ、売りたい空き家がある人がサイト上に物件を投稿し、サイトを閲覧した人がその物件を買いたいと思ったら、売り手と直接交渉できるというサービスです。

成約数は、近年急速に増えており、2016年8月から2018年8月末までに60件、2018年末までに100件に達する予定で、売買が成立した実際の取引価格の平均値は150万円程度、約6割が100万円以下とのことです。

「家いちば」では、売り手自身が物件の紹介文章を作成し、写真や物件情報を掲示板に投稿するところから始まります。「家いちば」の物件掲示板を見て、その物件を買いたいと思う人は、サイトを通じて、売り手に質問したり、価格を交渉するなど、直接、売り手とやり取りをしていきます。そのやり取りは掲示板の管理人がチェックしており、マナー違反者の仲裁を含めて、商談が円滑に進むように、適宜フォローに入っているそうです。

売り手が買い手と直接やり取りするメリット

掲示板の物件を見ていると、「断熱材が入っていません」「ゴミ置き場管理費用が必要です」「接道条件を満たしていません」など、デメリットになることも書いてあります。

運営している藤木氏に話を伺うと、希望者が多い人気物件の場合には、入札形式をとるそうですが、必ずしも最高額を提示した人に売るということでもなく、むしろ最高額の人が選ばれないことがほとんどだというのです。

というのも、「家いちば」の仕組みでは、売り手が買い手と直接やり取りをし、内覧会の開催など、売り手自身が買い手に直接、物件を案内するので、売り手が買い手の人柄や購入目的などもわかってきます。なので、とにかく高く売り抜けたい、誰でもいいから引き取ってほしいというのではなく、自分たちが大切にしてきた思い入れのある物件を大切に引き継いでくれそうな人に売ることが多いそうです。

そして、売り手と買い手の間で商談が成立したら、宅地建物取引業の免許をもつ「家いちば」の運営会社「株式会社エアリーフロー」が、重要事項説明や契約書の作成をするなど、安心して取引できるように売買の手続きを行うことになります。

掲示板の掲載は無料で、取引が成立して引き渡しとなった場合に、「家いちば」に所定の手数料を支払う仕組みになっています。このように、「家いちば」において売買価格が低くても事業が成り立っているのは、商談の成立までは、売り手が買い手と交渉する仕組みにすることで、出費を抑える工夫をしているからと言えます。

一般の不動産仲介業務では、買いたいという希望者がいれば、売れるかわからなくても、随時、不動産会社が物件の案内などに何度も行かなければならず、仲介手数料も売買が成立しない限りもらえないということで、非効率な面があります。また、商談が成立する前でも、買い手と商談を進めるためには、多岐にわたる物件情報の確認が必要になってきます。例えば、法務局で登記簿、自治体で建築確認済証・道路台帳などの確認・取得や、土地の境界線の確認や近隣との調整などがありますが、こうした作業は非常に手間も時間もかかり、物件の場所が遠方の場合には、そのための交通費なども必要になります。

「家いちば」の商談プロセスでは、買い手の質問に答えるために、売り手自身が自主的に必要な情報を取得しているそうです。ただし、商談が成立し契約の段階になると、重要事項説明や契約書の作成が必要となるため、運営会社があらためて全て取得しなおしたうえで、トラブルのない取引になるよう、宅地建物取引士が細かい条件などをチェックするという効率的な仕組みになっています。

売り手も「安心」して売買できる仕組みづくり

では、どういう人が「家いちば」の買い手に多いのでしょうか？

例えば、今とは違う場所にもう一つ住まいを持つ2地域居住を希望している人や、DIYでリノベーションそのものを楽しみたい人が多いとのことです。

どんな山奥でも、超郊外住宅地でも、再建築不可でも、荷物が残されていても、掲示板サイトで買い手希望者を募集すると、意外なところに価値を見出す人がいるというのです。

藤木氏は「家いちば」を立ち上げた理由の一つについてこう話します。

「現在の不動産取引は、新築を前提にした仕組みになっています。不動産のプロである企業が建てた新築物件を売る際に、買い手となる個人（素人）が不利にならないように、瑕疵担保責任や重要事項の説明など、買い手の保護、つまり買い手側の『安心』を中心にした仕組みになっているのです。

でも、中古物件の場合は、基本的に『個人売買』であり、売り主自身も個人（素人）であるにもかかわらず、売り主を支援する仕組みが今の日本にはありません。こうした問題意識から、売り主を支援して、不動産ストック活用の仕組みを提供したかったのです。これまでの取り組みから見えてきたのは、売り手側が安心して売買できる面がとても大きいこと。逆に言うと、そこがネックでなかなか売ろうと決意しないケースがよくあります」

実際に、売買が成立した瞬間、売り手はこれまでの重荷から解放され、ホッとした顔、買い手はとても楽しそうに幸福感いっぱいの顔をするそうです。つまり、住まいの終活を進めるためには、買い手だけでなく、「売り手」が安心して売買できる取り組みや支援策の充実が求められているのです。

4・空き家解体支援の最前線～和歌山県田辺市の先進性

不良空き家の跡地に「使い道」を見つけ出す

地域にとって危険な老朽空き家の解体を進めるため、遠方に住む所有者と隣接住民との間で、解体費相当で売買が成立するようコーディネートする先進的なまちがあります。

和歌山県南部の中心都市である田辺市では、一棟貸しのゲストハウス、シェアハウス、カフェなど、魅力的な空き家のリノベーション物件が増えており、空き家の利活用の取り組みが活発化しています。ただ、リノベーションができるような「使える」空き家は良いのですが、市内には、倒壊の恐れがあるなど、地域住民に危険を及ぼしかねない「もう使えない」空き家の問題も深刻化していました。

そこで、こうした「不良空き家」の解体・除却を進めるために、倒壊の恐れのある危険な状態と市が認定した建物を対象に、空き家の除却費用の3分の2（上限50万円）を補助するという「田辺市不良空家等除却補助金」を2017年7月に創設しました。

こうした空き家の解体補助金は他の市町村でもよく見られる一般的な制度なのですが、田辺市の取り組みを先進的だと私が着目したのは、空き家解体後の跡地について、隣地や近隣の住民や企業の駐車場や庭、畑として利用するといった「使い道」を見つけ出し、責任ある所有者・利用者へ引き継ぐといったコーディネートをしている点です。

そこで、田辺市建築課建築係の方々に、お話を伺いに行きました。

空き家は、本来、所有者の責任で解体することが大前提ですが、例えば、所有者が年金で細々と暮らす高齢者であったり、高齢で意思確認が難しい状態であったり、遠方に住んでいて所有者という意識が希薄であったりすると、自己負担で多額の解体費を負担できない、負担したくないということで、市の担当課が何年かけて取り組んでもなかなか解決に至らない案件が何件もあったそうです。

また、何とか危険な空き家を解体できたとしても、今度は空き地が放置されることになり、しばらくすると、結局、草木の繁茂で近隣住民から苦情の電話が市にかかってくることが予想され、担当課として悩んでいたそうです。

そんな中、隣接した住民から、贈与してくれれば自分が解体費を出してもよいといった申し出がありました。これがモデルケースとなり、それ以降、特に遠方居住の所有者の空き家について、その解体費の補助とともに、跡地の譲渡先への橋渡し[*6]という画期的な支援に取り組むようになったのです。

田辺市では、空き家所有者が遠方居住など、対応がどうしても困難な場合にのみ、跡地の譲渡などへの支援をしています。危険な状態のまま放置されると、いずれ行政代執行を検討せざるを得なくなり、解体費が回収できなければ公費投入の必要が出るため、また時間の経過とともに相続が発生すると、ますます収拾がつかない事態になることが予想されたため、早めに危険空き家の解体を進めるほうが良いと考えたからだそうです。

実際に、田辺市では、放置空き家の所有者は半数以上が市外在住になっています。そのため、もし所有者が空き家解体後の跡地の売却先を探そうと思っても、隣接住民などとの面識がないことも多く、不動産会社に間に入ってもらえばよいのですが、こうした低額な物件は取り扱ってくれないのが現状です。

田辺市がこうした取り組みにより、危険空き家の解体完了が8件、解体待ちが1件、相続財産管理人制度利用が1件（相続人全員に相続放棄をされた空き家）の計10件もの危険空き家の解体が、たった1年で実現しています。
空き家の解体後の跡地は、隣地住民が購入するケースが多いそうですが、市の担当職員が現地調査をしていて、たまたま声をかけてきた近隣住民が、自分が菜園として使いたいと申し出てくれたケースもあるそうです。[7]

地域にはニーズがまだまだ眠っている

では、実際、どんな事例があるのでしょうか。危険空き家の解体とその跡地の隣地譲渡が実現した事例を見てみましょう。

市内の市街地に、所有者の施設入所時から約10年間放置され、既にネコや狸の巣にもなってしまった空き家がありました。さらに、台風のたびに、屋根瓦が前面道路（通学路）や隣接駐車場に落下したり、アンテナも倒れてきたりと、周辺住民に危険が及ぶ可能性が高い状態となっていました。市からは、遠方に住む相続人に空き家の維持管理について助言・指導してきましたが、相続人もかなり高齢で「自分は一度も住んだこともない土地で解体費は出せない」、他の親戚も「心配ではあるが、自分は口出しできる立場にない」ということで解決が難航していました。

きっかけは２０１７年度に「田辺市不良空家等除却補助金」が創設されたことでした。

現地調査の際、隣接地を見ると、建築基準法上の道路に接していない敷地で、このままだと建て替えができないことに気づきました。隣地の所有者が解体後の跡地を取得することで、建築基準法の要件を満たして建て替えが可能となり、双方にメリットになります。そこで、再度、市から所有者や隣接地の住民の意向を聞く取り組みを進めていったのです。

その結果、市の不良空家等除却補助金を利用し、隣地住民が解体費相当の金額で跡地を購入することが決まり、空き家の所有者は、登記手続きにかかる諸経費程度の費用を負担するだけで、地域に悪影響を及ぼしていた危険空き家の解体が実現したのです。

誰かが、空き家を解体した後の跡地について、隣地所有者との間でコーディネートすることができれば、関係者にも地域にも、実はメリットしかないことがわかります。

具体的には、空き家所有者は、解体費の自己負担分が少なくすみ、どこかで心に引っかかっていた心配事がなくなる安心感が得られます。隣地住民は、隣にあった危険な空き家がなくなり、自身の敷地として駐車場や畑や庭に有効利用ができる土地を安価で手に入れることができます。地域にとっては、危険な空き家の跡地が責任ある所有者・利用者にバトンタッチされるため、地域の安全性、防犯性が高まり、住環境が改善されます。

田辺市としては、地域に悪影響を及ぼしてきた空き家が解消され、かつ、跡地も有効に利用・維持管理される状態になり、隣地の敷地が拡大することで、将来的に建て替えが可能になり、人口流出を防げます。

今後、民間市場では流通が困難なエリアや物件の場合、空き家の解体後の「使い道」や「責任ある所有者・利用者」の掘り起こしと橋渡しを行う、コーディネーターの存在が必要不可欠になることは間違いありません。

私たちが住まいの終活という視点で田辺市の取り組みから学ぶべきことは、地域には様々なニーズがまだまだ眠っているということです。今後は、核家族化の進展で、実家から離れたところに住んでいる子供や他の相続人が相続することが多くなります。そのため、相続が発生する前に、まだその地域に住んでいる、あるいは地域とのつながりがある間に、隣地や近隣住民等のニーズを自ら掘り起こし、その橋渡しをしてくれそうな人を見つけておくことが有効であると言えます。

第４章補注

＊1　２０１７年7月1日、毛呂山町と東洋大学理工学部・大学院理工学研究科との間で、相互協力及び連携に関する協定を締結した。本プロジェクトは、２０１６年度都市・建築企画設計演習と２０１７年度総合設計演習、同年度大学院特別設計演習の学生たちと教員等（田口陽子准教授・伊藤暁准教授・藤野高志非常勤講師・設計支援員の中村亮太氏）と共に実施。

＊2　毛呂山町空き家実態調査の対象は、住宅専用の戸建て、店舗併用の戸建て住宅、事務所兼用の戸建て住宅、長

屋。町内の各自治会からの空き家情報と上水道の使用情報から現地調査対象809件を1件ごとに外観から目視調査する（2016年8〜9月末）とともに、空き家と想定された694件の所有者へのアンケートを実施した。

*3　総務省統計局「統計でみる市区町村のすがた」に掲載された2010年、2015年の国勢調査の一般世帯数をもとに算出した。東京特別区は1市町村としてカウントし、福島県内の原発事故発生の影響が大きい避難区域（飯舘村・富岡町・大熊町・双葉町・浪江《なみえ》町・葛尾《かつらお》村・楢葉《ならは》町）は除外した。

*4　2018年9月末現在、奈良県の奈良市・天理市・桜井市・御所《ごせ》市・吉野町・下市町・曽爾《そに》村・天川村・山添村や徳島県美馬《みま》市の空き家バンクから空き家相談窓口として受託運営、奈良県の川西町・三宅町・安堵町・上北山村・下北山村は、空き家コンシェルジュの空き家バンクを市町村空き家バンクとして利用、京都府長岡京市・奈良県大淀町は、全国版空き家バンクの受託運営をしている。

*5　市は、所有者の意向や条件の確認、空き家バンクHPなどでの紹介、利用希望者への現地案内などの対応はするが、入居希望があった場合、それ以降の交渉や契約事務、修繕の対応、家賃の決定、荷物の処理や仏壇の取り扱いの相談などは、宅建業者が対応する。

*6　所有者と購入者との間で解体後の跡地の売買等の交渉が成立した後の契約や登記の手続きは、専門の士業に売り主・買い主が依頼し、費用を負担している。

*7　空き家解体後の跡地の利用目的は、庭の拡大2件、駐車場3件、庭+駐車場1件、菜園2件、隣地拡大2件となっている。

第4章引用文献

（1）スーモ関東版ウェブサイト「土地価格相場」（武州長瀬駅）で2018年10月時点で1坪11・8万円 https://suumo.jp/kanto/

（2）毛呂山町空き家実態調査、第1回毛呂山町空家等対策協議会資料（2017年1月）

（3）埼玉県町（丁）字別人口調査（2018年1月1日現在）結果報告

（4）総務省統計局「全国：年齢（5歳階級）、男女別人口」

（5）第5次江津市総合振興計画後期基本計画改訂版（2017年度〜2019年度）、2017年3月、島根県江津市
（6）江津市と島根大学教育学部人文地理学研究室との協働実施
（7）島根県江津市政策企画課地域振興室室長　中川哉「移住×創業×空き家」ひと・まちフォーラムin松江（2017年2月7日）発表資料
（8）東洋大学理工学部建築学科野澤研究室（出口周太）「自治体による空き家バンクの取り組みに関するアンケート調査」（2018年7〜8月実施）、調査対象の市町村210中136の市町村から回答（回収率64・8％）
（9）不動産を直接売りたい人のための掲示板サイト「家いちば」http://www.ieichiba.com/

第5章　さあ、「住まいの終活」を始めよう

1・住まいの終活、その手順

「住まいの終活」をする人が出始めている

世間ではあまり着目されていませんが、「住まいの終活」をする人が少ないながらも出始めています。

相続問題にも詳しい不動産の専門家である向井啓和《ひろかず》氏（みなとアセットマネジメント株式会社代表）に伺った、「住まいの終活」の一例を紹介します。

■東京都内の古い団地内のマンションに住んでいた独身女性（70代）

女性が住んでいた築40年近く経つマンションは、管理会社等に委託していない自主管理で、管理費や修繕積立金も十分に確保されておらず、将来、荒廃マンションとなり、負動産化するリスクがあった。所有者は独身であるため、いずれ他界したら、相続人となる妹に、遺品整理や負動産化したマンションの売却などで負担や心労をかけてしまうことを非常に心配し、売却できるうちにと、妹の家（子供世帯も同居）に住み替え、そのマンションを売却。

■埼玉県内の老人ホームに入居している男性（90代）

農家で広い土地に何棟もの建物を所有しており、相続することになる子供世代に解体費などで負担をかけてしまうことを心配し、自分が生きているうちに、土地の一部を売却して解体費を捻出し、敷地内で利用していない複数の建物の解体をすでに完了させた。

そのため、相続人は、相続が発生した際に、土地の売却や賃貸を円滑に進めることができるようになった。

■東京都内の戸建てに住む一人暮らしの女性（60代）

現在住んでいる戸建ては、広すぎて断熱性能も悪いため、相続後にこの家を相続する子供世代が売却しやすい状態にしておきたいと、住宅の断熱性能などの質を上げながら減築（床面積を減らす工事）を実施。併せて、土地の測量を行うことで、相続発生後に売りやすい状態にした。

このように、次世代へ負担をかけたくないという思いのある方が、実際に、「住まいの終活」に着手しているのです。

■Step1　住まいの思い出を整理しよう

改めて、「住まいの終活」の定義を書いておきます。

相続が発生する前の時期から、住まいに関わる様々な情報を所有者やその相続予定者が整理・共有し、相続発生後の選択肢を考え、安心して相談できる人的なつながりをつくるなど、住まいを円滑に「責任ある所有者・利用者」へ引き継ぐことを目的にした一連の活動。

ここからは、本書巻末に添付した「**住まいの終活《エンディング》ノート**」を参考にしながら、私たち一人ひとりがどのような情報を整理しておくべきか、どのような選択肢があるのかをイメージし、住まいの終活をしていきましょう。

「住まいの終活ノート」に記載した内容は、あくまでも、現在、居住している住宅と、場合によっては、自宅以外に空き家を所有しているような一般的なケースを対象にしています。所有者や相続人等の状況や関係性、住まいの状況や立地、自治体の取り組み状況などによって、「住まいの終活」の方法や必要になる準備・資料等は変わってきます。必要に応じて専門家に相談していただきたいと思います。また、法制度は2018年9月時点のもので、今後、法改正や自治体の取り組みの見直しなどの可能性もありますので、各自で随時、最新かつ有効な情報を集め、決断していく必要があることにご留意ください。

では、まず、Ｓｔｅｐ１として、住まいに関わる歴史や引き継ぎたい住まいの思い出を書きましょう。

■Step2　不動産をリスト化し、基礎資料を揃えよう

次に、Ｓｔｅｐ２として、不動産をリスト化し、地番を調べ、不動産に関する基礎資料を揃えます。

具体的には、固定資産税の納税通知書をもとに、現在、所有している不動産をリスト化し、各物件の所在地番を調べます。これは、不動産に関わる資料を入手する際には、住所ではなく、**地番**が必要となる場合が多いためです。

また、相続税は、不動産・貯金・有価証券などの財産の総額が、相続税法で決められている基礎控除額（３０００万円＋法定相続人の数×６００万円）を超えた場合にかかってくるため、相続税がかかる可能性がある場合には、ある程度目途をつけておくために、所有しているすべての不動産の相続税評価を確認しておきます。

不動産の相続税評価額の計算方法などは、書籍やネット上にたくさんあるので、基本的

なことを確認しておきましょう。ただし、相続税の計算は個々の資産の状況で変わってきますので、必要があれば、早めに専門家に相談することが重要です。

そのうえで、所有している不動産ごとに、登記事項証明書（登記簿謄本）、購入時の契約関係書類や重要事項説明書、建築設計図書（間取り図等）があるかを確認し、整理しましょう。その他に、戸建ての場合は、土地に関する測量図等、建築確認関係書類（確認済証・検査済証など）、マンションの場合は、最新のマンション管理規約・使用細則、借地の場合は土地の賃貸契約書も必要です。また、リフォーム・増築・耐震改修をした場合は、その契約書・設計図書などを準備します。

これらの資料は、住まいを「売る」「貸す」場合に必要になる基礎的な資料です。もし、資料が見当たらない場合の一般的な対応策も「住まいの終活ノート」に紹介していますので、参考にしながら入手しておきましょう。

■Step3　不動産に関する情報を整理しよう

Step3として、現在、所有している（所有する予定の）不動産の情報の整理を行います。所有している不動産ごとに、土地・建物は誰が登記名義人か、土地・建物が共有の場合の全員の氏名と各自の持ち分は明確になっているか、抵当権や借地権などの設定はないか、住宅ローンの残債はないか、購入時の土地・建物の価格、近年の土地・建物の固定資産税評価額や固定資産税額、前面道路が公道か私道か、その道路が建築基準法上の道路かどうか、上下水道管が他人の敷地を通っていないかなどを基礎資料で確認していきましょう。

もし、先代が他界して相続した際に未登記であるなら、現在の居住者が元気なうちに登記の名義を変更しておきます。第1章で述べたように、相続未登記の場合には、住まいを売る際の登記に手間と時間がかかり、売るタイミングを逃すリスクがあるからです。

マンションの場合には、マンションの築年数や新耐震基準以降の建物か、委託管理か自主管理か、管理費・修繕積立金の金額、最新の管理規約の内容、長期修繕計画・修繕積立金の状況、所有している住戸で管理費等の滞納やマンション全体で配管からの漏水や事故住戸はないか、専有部分のリフォームをしたことはあるかなどを確認します。

特に、区分所有法では「滞納した債務は次の所有者に継承される」と定められているため、現在の所有者がマンションの管理費や修繕積立金を滞納したままの状態では、住戸を「売る」際に支障が出てしまうことになるからです。

戸建ての場合、土地の境界が確定しているかどうかは、「住まいの終活」を進めるにあたり非常に重要になります。日本では、地籍調査を1951年から行っていますが、2017年度末時点でまだ52％しか実施されていないのが現状です。特に都市部と山村部（山林）

で進んでいません。

ですので、実際に敷地を見回って、地面や塀などに境界標（杭やプレート、鋲《びょう》など）が設置されているかを確認してください。その際、隣地との間で、木の枝や根・屋根などが隣の土地に越境していないか（越境されていないか）もチェックしておきます。

もし土地の測量図がない、土地の境界が確定していない可能性があるなどの場合は、土地家屋調査士に相談します。土地の境界が確定していないと、住まいを「売る」場合の支障になってしまうことが多いためです。

特に、隣接した土地の所有者や道路管理者（自治体等）等と境界について協議し、合意をもらうために時間を要してしまうケースが多く、近年では、隣接した土地の所有者が不明（連絡が取れない場合も含む）で境界の確定が困難なケースも問題になっています。現在の居住者に隣の所有者とのご近所付き合いがあるうちに、早めに隣地との境界確定はしておくほうが良いでしょう。

■Step4　まちに関する情報から民間市場での流通性を判断しよう

ここまでに挙げた住まいの終活のための条件整理をする中で、ある程度、目途をつけられると思いますが、住まいの終活の選択肢と相談先を検討するためには、民間市場での流通性がある物件・エリアかどうか、つまり、不動産会社が取り扱ってくれそうな物件かどうかを見極めておく必要があります。

まず、対象になる物件の現在の周辺相場や取引事例については、不動産会社に直接相談するか、インターネットの不動産査定サイトで検索します。ただし、公的なサイトでは、おおむねのエリアしかわからないため、各不動産の具体的な査定をしたい場合は、不動産会社に依頼するか、複数の不動産査定サイトを利用する必要があります。また、実際の成約価格は、売り主・買い主の価格交渉を経て決まるため、査定価格はあくまでも、その時点での参考価格であることに留意しましょう（査定価格を高く出した不動産会社が必ずしも良心的というわけではありません）。

ここで、民間市場で流通性が低い物件とは、一般的に、借地などで権利関係が複雑な物件、土地の境界や越境物で隣地ともめている物件、抵当権などが解消できる見込みがない物件、建築基準法上の接道要件を満たしていない再建築が不可の物件、敷地内に老朽化した擁壁などがあり危険な物件、管理費滞納が積み上がった老朽マンションの物件、低額で仲介手数料が非常に安い物件などが考えられます。

また、民間市場で流通性が低いエリアとは、自治体等による移住推進の取り組みなどが活発ではない過疎化エリア、交通が不便で生活インフラが不十分な大都市超郊外エリア、丘陵地で坂道や階段が多いエリア、土砂災害や浸水などの災害リスクが高いエリアなどが考えられます。

■Step5　住まいの終活のための選択肢と相談先を考えよう

住まいの終活のための情報整理ができたら、次は、相続が発生する「前」の段階から、自分たちが所有する、あるいは将来所有する予定の「**住まいのトリアージ**」を行い、民間市場で流通が見込めそうか、どのような選択肢があるのかを考えていきます。こうした検討の参考となるよう、選択肢と相談先の例を図表5－1（戸建ての場合、168ページ）、図表5－2（マンションの場合、186ページ）に整理しました。

当たり前ですが、こうした選択肢は時期や状況で変わるという前提で複数案を検討しましょう。住まいのトリアージをするプロセスの中で、それぞれの選択肢ごとに、相談すべき事業者やコーディネーターとなってくれそうな専門家をリサーチしたり、地域との人的ネットワークを事前につくっておくことが実は非常に重要です。

例えば、徳島県の神山町の移住交流支援を手掛けるNPO法人グリーンバレーでは、所有者自身が他界した後に、自分の家を地域で活用してもいいよという意思を事前（生前）に登録することができる画期的な取り組みをしています。こうした活動は、相続が発生する

「前」であれば、地域とのつながりがあるため、ご近所同士の情報網を駆使して、自分たちの状況に合った相談先探しに時間をかけることができるというメリットがあります。

また、やむを得ず、相続放棄を考えなくてはいけなくなっても、「自己のために相続の開始があったことを知った時から三箇月以内」というのは非常に短い期間です。相続した空き家や空き地の利活用方策を一から練る時間的・精神的な余裕はないと考えられます。

なお、相続放棄という選択肢は、その多くが住まいを「責任ある所有者・利用者」へ引き継ぐことにはならないため、図表5－1や図表5－2の選択肢からは除外しています。

2・民間市場で流通性がある戸建ての選択肢

戸建てを「売る」場合

「民間市場で流通性がある物件・エリア」にある戸建てでは、「建物状態が良いためそのまま使える」「リフォームをすれば使える」「建物は古いけれどリノベーションをすれば使える」といった場合には、「**建物を活かす**」ことを考えましょう。

「建物を活かす」の主な選択肢としては、「中古住宅として売る」「建物を事業用として貸

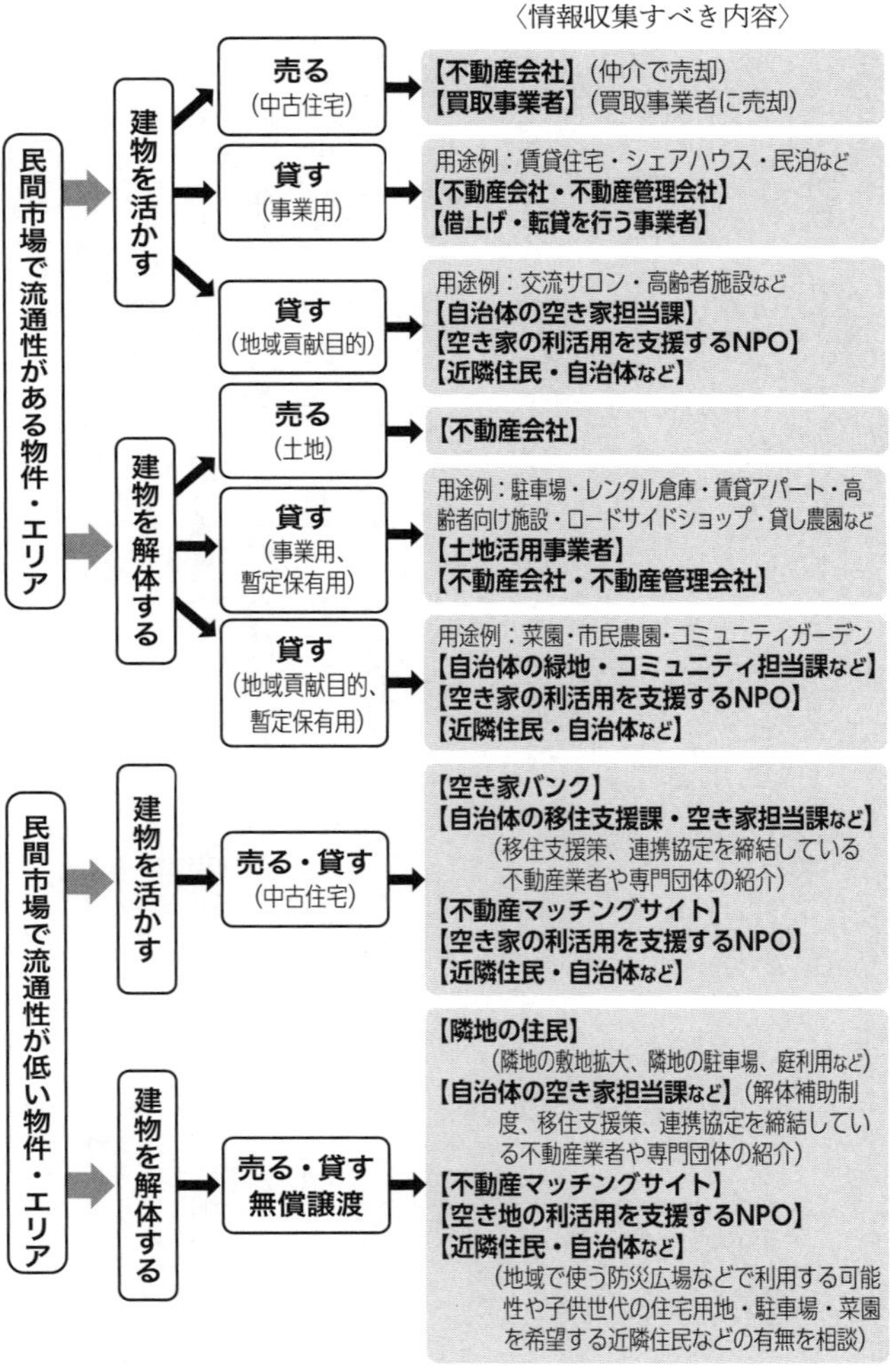

図表5-1 住まいのトリアージ——戸建ての場合

す」「建物を地域貢献目的として貸す」などがあります。

中古住宅として売る場合には、一般的には、不動産会社等の仲介で売却するか、買取事業者等への売却をするかになります。物件の立地や状態とともに、物件をいつまでに売却したいのか、売却希望価格などとの関係で検討していくことになります。

もし、相続が発生した際、とにかく早く売却したい、民間不動産会社を通じた仲介での売却に手間・時間をかけたくない場合には、買取事業者等への売却を検討します。ただし、市場での売却金額より、かなり安くなるケースが多くなります。

買取事業者については、近年、事業者が中古住宅を買取し、リノベーション後に販売するという買取再販事業が拡大しつつあります。例えば、買取再販年間販売戸数ランキング2017（リフォーム産業新聞）[1]によると、年間戸建て再販戸数の1位はカチタス（群馬県桐生市）で3209戸、2位はリプライス（愛知県名古屋市）で571戸、3位はリアルト・ハーツ（東京都目黒区）で360戸となっています。

1位のカチタスは地方の中古戸建ての買取再販で圧倒的な実績を持っており、北海道から沖縄県まで、全国各地に店舗があります。私が現地調査に行った江津市や千曲《ちくま》市（長野県）などでも、カチタスが売り出し中の中古住宅（青いのぼり旗が目印）を見つけたことがあります。

その他、「**リバースモーゲージ**」という住宅担保型ローンの手法（金融商品）もあります。

これは、住んでいる家を担保に契約期間を定め、その家に住み続けたまま、金融機関などから定期的に生活資金の融資を受ける方法のことで、所有者が亡くなるか、契約期間がくれば、金融機関がその家を売却して、融資額との精算を行います。しかし、地価が比較的高く、将来的にも地価下落がそれほど大きくないと見込まれる物件が対象となることが多く、一般的に普及している状況とは言えないのが現状です。

中古住宅として「売る」場合に情報収集すべき内容としては、どのような不動産会社や買取事業者があるか、ということです。不動産会社といっても、大手もあれば、小さくても地元に強いところもあるので、インターネットで調べるだけでなく、事前に、地元の知り合いなどから、その業者の評判などを聞いておくとよいでしょう。

「安心R住宅」マークとは

近年、国は、安心して既存住宅の取引を行える市場整備を積極的に進めています。その一つとして、「**安心R住宅**」という制度をスタートさせています。「安心R住宅」とは、耐震性があり、インスペクション（建物状況調査等）が行われ、リフォーム等についての情報提供が行われる既存住宅に対して、国が審査をして登録を認めた事業者団体が「安心R住宅」のマークを広告販売時などに使えるという制度です。

要するに、「この既存住宅は安心な品質の中古物件です」ということを買い手にわかりやすく提示しようというものです。この背景には、中古住宅は購入者側から見ると、「何となく不安」というマイナスイメージを抱かれがちだったことがあります。

例えば、「安心R住宅」の登録事業者団体の一つに、積水ハウスなどの大手ハウスメーカーによって2008年に設立された「一般社団法人優良ストック住宅推進協議会（スムストック）」があります。

これまで、大手のハウスメーカーなどで建てられた既存住宅は、新築当時から耐震性を備え、質も高く、建てた後のメンテナンスやリフォームも適切に行われている物件が多いにもかかわらず、戸建ての中古住宅市場で行われている査定にかかると、築20年を超すと建物の資産価値はゼロとされ、実際の建物の価値が正しく評価されないという課題がありました。

そこで、「住宅履歴データの整備」「50年以上の長期点検・補修制度」「耐震性性能」を有する既存住宅に対して、「スムストック査定」という独自の不動産評価をしています。「スムストック査定」の対象は、参加企業が自社で建てた住宅のみですが、その実績は、2008年から2017年度末時点で累計8562棟[2]と右肩上がりに増加しています。単に中古住宅を適正に評価するというだけでなく、大手ハウスメーカーの全国的な販売網が後押ししてくれるという強みもあります。

これまでの実績を見ると、一般の査定では建物の資産価値はほぼゼロとされてしまうような築21年以上の中古住宅でも、「スムストック査定」に基づく売買での建物の平均成約価格は527万円[2]となっています。このように、適切に維持管理されてきた優良な中古住宅は、実際の市場でも価値が認められていると言えます。

もし、大手ハウスメーカーで建てた住宅で、そのハウスメーカーが「安心R住宅」マークの使用を認められている登録事業者団体（国交省のHPに一覧があります）に入っていれば、まずそこに相談することも検討するとよいでしょう。

「安心R住宅」のマークが安心な中古住宅の目印として定着すれば、「住まいの終活」をする売り手側のメリットとして機能することも期待できます。

戸建てを「貸す」場合

「思い出のある住まいを、相続が発生したからといってすぐに売りたくないから、誰かに貸すことで維持し、いずれ住みたい」「固定資産税などの保有コストを捻出するために、一定期間、住まいを貸したい」「立地がよいので賃料収入で収益を得たい」というときは、**「住まいを貸す」**という選択肢も考えられます。

建物の広さや間取り、立地条件、近隣の状況などの諸条件にもよりますが、賃貸住宅、あるいは、シェアオフィスや民泊などの住宅以外の用途にすることも考えられます。

しかし、「住まいを貸す」といっても、一度貸したら戻ってこないのではないか、お金をかけて空き家を改修しないと人に貸せないのではないか……と所有者としていろんな不安がつきまといます。

そこで、近年、こうした不安を取り除くためにいろいろな方法がとられています。例えば、「定期借家契約」にすれば、期限を定めて家を貸すことができ、契約期間満了後に所有者に戻ってきます。また、「本物件は老朽化しているため、建物本体及び付帯設備には自然損耗、経年による劣化が認められることを借り主は承諾する」という現状有姿で賃貸し、借り主が自費で改修可能にしたり、建物倒壊時の損害賠償責任などの契約項目を付加するなど、様々な特記事項を付加した契約方法もあります。

住まいを貸すには、入居者の募集・契約や家賃の回収・トラブルの対応、入居・退去の際の対応、物件の管理など、様々な管理業務が必要となるため、専門の会社に管理業務を委託することが一般的です。

住まいを「貸す」場合に情報収集すべきことは、どのような不動産会社・不動産管理会社が地元にあるかということです。

近年、持ち家に対するサブリース（転貸）事業を手掛ける民間事業者が増えつつあります。これは、事業者が空き家や空き部屋を借り上げて、リノベーション（簡単なリフォームの場合もある）を行い、借りたい人を見つけて転貸するというものです。第4章で紹介した「空き家コンシェルジュ」も空き家の転貸に取り組んでいます。

その他にも、例えば、京浜急行電鉄（東京都港区）は、鉄道会社の空き家利活用事業として、沿線の空き家や空室を借り受け、改修して6年間転貸するサービス「カリアゲ京急沿線」に取り組んでいます。

また、自治体は、不動産の寄付はほとんど受け付けませんが、地域貢献のために、自治体が一定期間、空き家を借りて、地域コミュニティの交流サロンや子育て支援施設、子供たちの居場所・学習スペースなどとして利活用する取り組みも増えています。思い出の残る住まいを「地域貢献のために一定期間、貸すことで維持していきたい」という場合、まずは市町村の自治体の空き家担当課に相談し、そうした支援策に取り組んでいるか、どういった条件で貸すことになるのか、住まいがこうした取り組みに適合しそうな立地・建物なのかなどをあらかじめ確認しておくことも必要になります。

ただし、こうした市町村からの支援策には、自治会などのまちづくり組織や空き家の利活用を支援するＮＰＯなどの関与を要件としている場合が多いので、それらへの相談も必要になってきます。また、今後、自治体の施策が見直されることもありますので、対象となる住まいがある自治体の取り組みには、常にアンテナを張っておきましょう。

戸建てを「解体」する場合

民間市場での流通性はそれなりにあるエリアであるものの、「建物の老朽化がかなり進んでおり、中古住宅として売ることが難しい」「相続発生後、空き家管理の手間や金銭的な負担が大きく、近隣に迷惑をかけないか心配」「敷地規模があるので宅地開発業者に売るほうが良さそう」「土地活用で収益を確保したい」「いずれ戻ってきて住宅を建てる可能性があるので、暫定的に保有しておきたい」などのニーズがあると思います。

こうした場合、「解体して土地を売る・貸す」「古家付き物件で売る」ことになります。「古家付き物件で売る」場合、一般的には解体費相当分、売却価格が下がる傾向にあります。また、住宅を解体して更地にすると、固定資産税の住宅用地の軽減措置が適用されなくなるため、固定資産税が3〜4倍程度になることを考慮しておく必要があります。

解体費は、前面道路の幅や交通量、作業スペースの大きさ、周辺の建物の密集度合い、手作業での解体の有無などで金額が大きく異なります。その他、建物内のごみの処分の有無、井戸・浄化槽・昔の基礎などの地中埋設物の有無、植木・庭石の有無、アスベスト撤去の有無、時期などの様々な条件によって解体費用は上下します。

特に、古い住宅はアスベストを含んだ建材が使われていることも多いため、アスベストの飛散を防止する措置などにも費用がかかってきます。これらを勘案して一般的に、30坪程度の木造住宅の解体費として、150万～200万円程度はかかるとみておくと良いでしょう。

いずれにしろ、インターネット上には、解体費の見積もりができるサイトがたくさんあるので、まず前提条件として、解体費がどの程度かかるかを確認しておきましょう。

旧耐震基準などの古い住宅に対しては、市町村が解体補助制度を設けている場合があるので、市町村のウェブサイトなどであらかじめ調べておくことも重要です。ただし、こうした市町村の補助制度には様々な要件があり、政策の方向性や財政等の状況から、継続されるとは限りません。また、各年度の予算枠があるため、希望する時期に必ず、補助金が出るとは限らないことに留意する必要があります。

空き家問題は解体費がネックです。「住まいの終活」の重要な鍵は、**相続が発生する前の段階から、解体費の捻出方法の目途を立てておくこと**なのです。相続する財産から支出するなど、各世帯の資金状況や家族関係に応じて、解体費を確保しておくことが重要です。

解体後の土地を「売る」「貸す」場合

民間市場で流通性がある物件・エリアで「建物を解体する」という選択肢の場合、解体後の土地を、「売る」か「貸す」かを考えることになります。現実的には、土地を「売る」ことにトライして、どうしてもだめなら、固定資産税等を捻出するために、当面、暫定的に「貸す」ことを検討するという流れになることが多いと思います。

土地として「売る」場合に情報収集すべきことは、どのような不動産会社があるかということです。また、土地を「貸す」場合、主に、事業用、暫定保有用、地域貢献目的という選択肢があります。事業用として、あるいは暫定利用として土地を貸す場合、賃貸アパート・月極駐車場・コインパーキング・レンタル倉庫など、どのような土地活用法があるのか、どのような土地活用事業者があるかを検討する必要があります。

例えば、高齢者向けの施設や保育園、ロードサイドショップなどの用地として土地を貸すことも考えられますし、近年、「シェア畑(3)」など、菜園などの自然的利用のために土地を貸すというケースも見られます。

いずれも、事業者からの提案内容をきちんと精査し、長期的な事業採算性や契約内容をよく理解し、人口・世帯数が減少していく中での事業リスクやトラブルに巻き込まれないようにするための基礎知識は必要不可欠です。特に近年、全国的に、サブリースによる賃貸アパート経営やシェアハウス投資などの事業者や融資などについて様々な問題が指摘されていますので、こうした情報も念入りに収集しておく必要があるでしょう。

菜園として土地を「貸す」場合

家を解体して土地をしばらく保有しておきたいという場合、暫定的に、菜園として土地を貸すという選択肢も考えられます。

例えば、福井市の住宅地では、自治体が施策として取り組んでいるわけでもないのに、草の根的に、土地の所有者が、「菜園」として利用したい近隣住民等に土地を貸し出しているという興味深いエリアが複数存在しています。また、福井市以外にも、埼玉県の超郊外住宅団地では、開発後に建物が建てられなかった、あるいは建物が解体された空き地の多くが菜園化している地域も見られます。

福井大学の原田陽子准教授の研究[4]によると、福井市の住宅地（市街化区域内）で空き地を利用した菜園数は、合計で1749件（2015年10月時点）もあることが明らかになっています。また、近年、菜園が増加している3地区では、菜園利用者の約3割がその土地を借りており（ほとんどが無償）、こうした土地の賃借は住民同士の情報交換によって実現しているそうです。土地所有者は、「子供のために土地を所有しておきたいが、当面、子供が戻ってくる様子がなく、それまでは自分で使うつもりもないため、雑草等の管理をしてもらう代わりに暫定的に土地を貸している」といったことが多いようです。

ちなみに、福井市の事例では、土地が売れないから菜園化しているわけではなく、土地を民間市場に出せば、それなりに流通性があるエリアなのだそうです。ですので、子供や孫が戻ってきたり、あるいは戻ってこず土地が売却されたために、菜園化していた土地に新たに住宅が建てられているところもちらほら見られました。

こうした現象は、まちづくりの観点からもメリットがあります。それは、同じような時期に同じような世代が入居し、一気にみんなで高齢化するという一般的な住宅団地よりも、順次、若い世代の新築需要に応える開発余地としての機能を果たしているという点です。福井市の菜園化現象は、今後、建物を解体した跡地の土地利用を考えていく際に、長期的な視点で市街地を持続的に更新していくためのツールとして、菜園化などの暫定的な自然的土地利用も視野に入れていくべきことを示唆しています。

住まいの終活の選択肢として、暫定的に保有したいという希望があるのであれば、相続が発生する「前」の段階から、近隣住民や地域コミュニティの園芸サークルなどに菜園として借りたいというニーズはないかなどの情報収集をしておくのもよいと思います。

例えば、柏市（千葉県）では、みどりの保全や創出のために、土地を貸したい土地所有者、使いたい市民団体等、支援したい人の情報を集約し、市が仲介を行う「カシニワ情報バンク」という取り組みをしています。自治体や地域のまちづくり団体等がこうした取り組みをしていないかなども調べてみると良いでしょう。

3・民間市場で流通性が低い戸建ての選択肢

戸建てを「売る」「貸す」場合

ここまでは、民間市場で流通性がある物件・エリアが対象でしたが、ここからは、民間市場で流通性が低い物件・エリアの戸建て住宅を対象にした住まいの終活です。

まず、建物状態として「そのまま使える」「リフォームやリノベーションをすれば使える」場合には、戸建てを「売る」か「貸す」を考えることになります。

その場合、情報収集すべき内容としては、①その地域に空き家バンクがあるか、②自治体の移住支援課・空き家担当課の取り組みとして、どのような空き家支援策があるか、どのような不動産業者や専門団体等と連携協定を結んでいるか、③不動産マッチングサイトを見て、自ら買い手を見つけることができそうか、④空き家の流通や活用を支援する地域に根差したＮＰＯがないか、⑤近隣住民や自治会などの地域コミュニティに家を探している人がいないか、地域で使いたいというニーズはないかなどがあり、様々な可能性を模索しながら選択肢を考える必要があります。

特に、民間市場で流通性が低い戸建ての場合には、第4章で紹介したように、地域に根差して、住まいの売り手と買い手、貸し手と借り手をつなぐコーディネーターを担う市町村の空き家バンク、まちづくりＮＰＯ、地域コミュニティなどの存在が大きく影響します。しかし、こうした空き家の流通や活用を支援する地域に根差した取り組みの情報は、相当にアンテナを張っていないと耳に入ってくることはあまりないと思います。

ですから、相続が発生する「前」の段階から、時間をかけて情報収集に努めることが重要です。いきなり売却というのは難しい場合もあるため、「空き家コンシェルジュ」で取り組んでいる「お試し賃貸」も必要になってくるかもしれません。

全国版空き家・空き地バンク

自治体による空き家バンクについては、２０１７年に実施した国土交通省の調査(5)によると、全自治体の約4割（763自治体）が空き家バンクを設置しており、準備中・設置予定のところも多く、全国的に広がっています。

しかし、自治体ごとに各々設置され、開示情報の項目も違っていて解りづらいなどの課題があったことから、国土交通省は、株式会社ＬＩＦＵＬＬとアットホーム株式会社に委託し、「全国版空き家・空き地バンク」の構築にも取り組んでいます。

市町村の取り組み状況にもよりますが、空き家バンクに登録することで、この「全国版空き家・空き地バンク」にも公開されることになります。相続発生後の相談先として、空き家バンクという選択肢も考えておくと良いでしょう。

ただし、市町村の空き家バンクは、実績（やる気？）が高いところと低いところの差が非常に大きく、単に物件を登録しているだけの受け身のところもあります。どの程度、物件が動いているのかなども含めて、随時チェックしておくことが必要です。

また、空き家バンクなどの取り組みがない地域では、まずは地元の不動産業者に相談することになりますが、安心して相談できる業者かどうかわからず不安になるかもしれません。近年、市町村が地元不動産業者や専門団体と連携協定を結んでいることが増えていますので、市町村の空き家担当課から紹介してもらえる場合があります。

また、全国宅地建物取引業協会連合会（宅建協会）、不動産流通経営協会、全日本不動産協会、全国住宅産業協会といった業界団体の各地域の支部も、会員の不動産業者を紹介してくれるところが多いので、問い合わせてみると良いでしょう。

解体して土地を「売る」「貸す」場合

建物の状態も非常に悪い場合には「建物を解体」し、その跡地を「売る」か「貸す」ことを考えていきます。しかし、民間市場で流通性が低い土地の場合は、最終的にかなり低額での売却、あるいは無償譲渡も視野に入れておくほうがよいでしょう。

その場合、情報収集すべき内容としては、①隣地の住民に、敷地を拡大して建て替えたり、駐車場や庭などに利用するニーズはないか、②自治体の空き家担当課の取り組みとして、どのような解体補助制度や移住支援策があるか、どのような地元の不動産業者や専門団体等と連携協定を結んでいるのか、③不動産マッチングサイトなどで自ら買い手を見つけることができそうか、④地域に空き地の利活用を支援するNPOがないか、⑤近隣住民や自治会などの地域コミュニティに、防災広場等で利用する可能性や子供世代の住宅用地・駐車場・菜園のニーズはないか、などが考えられます。

民間市場で流通性が低い土地の場合は、第4章で紹介した田辺市の事例からもわかるように、隣地や近隣住民に、解体費相当、あるいはかなりの低額、場合によっては無償譲渡することが最も現実的です。

地域によっては、隣地との取引を支援する民間の担い手もあります。例えば、毛呂山町では、地元の不動産会社が、空き家・空き地の所有者から依頼を受けた際に、隣地の所有者に声をかけ、売買の交渉をする取り組みを行っています。その結果、毛呂山町にある住宅団地の中には、2つの土地を1つに統合したうえで、隣地の所有者が住まいの建て替えをしたり、購入した隣の敷地を駐車場や庭として利用するケースが多く見られます。

また、鶴岡市（山形県）にある「NPO法人つるおかランド・バンク」では、密集住宅地の空き家・空き地の寄付や低価格での売却を引き受け、NPO法人が解体・整地・転売等をしながら、幅員が狭い道を広げたり、区画を再編したりして、地区全体の住環境の整備にも取り組んでいます。

民間市場の流通性が低い土地の場合、積極的に関与してくれる自治体や民間不動産業者、NPO法人などがその地域にあればよいですが、残念ながら、空き家に比べて、空き地の活用支援に取り組む担い手は非常に少ないのが現状です。

今後、デトロイトのように、民間の不動産市場での流通性が低い空き地の「使い道」を見出し、オープンスペース系の土地利用への転換に向けた支援策の充実は必須です。

4・分譲マンションの選択肢

民間市場で流通性があるマンション住戸を「売る」「貸す」場合

マンションの場合の住まいの終活は、民間市場での流通性に関係なく、中古住宅として「売る」、住戸を「貸す」という選択肢となります。

民間市場で流通性があるマンションを「売る」場合、不動産会社等の仲介で売却するか、買取事業者等への売却をするかになりますが、物件をいつまでに売却したいのか、売却希望価格などとの関係で検討します。

もし、相続発生後、早く売却したい、民間不動産会社を通じた仲介での売却に手間・時間をかけたくないという場合には、買取事業者等への売却を検討することになります。ただし、中古マンション市場での相場より、買取金額が安くなることが多くなります。

近年、戸建てに比べて、マンションの買取再販を手掛ける事業者が増えています。買取再販年間販売戸数ランキング2017（リフォーム産業新聞）[1]によると、年間のマンション再販戸数の1位はベストランド（東京都港区）で2053戸、2位は大京穴吹不動産（東京都渋谷区）で1465戸、3位はインテリックス（同）で1432戸となっています。

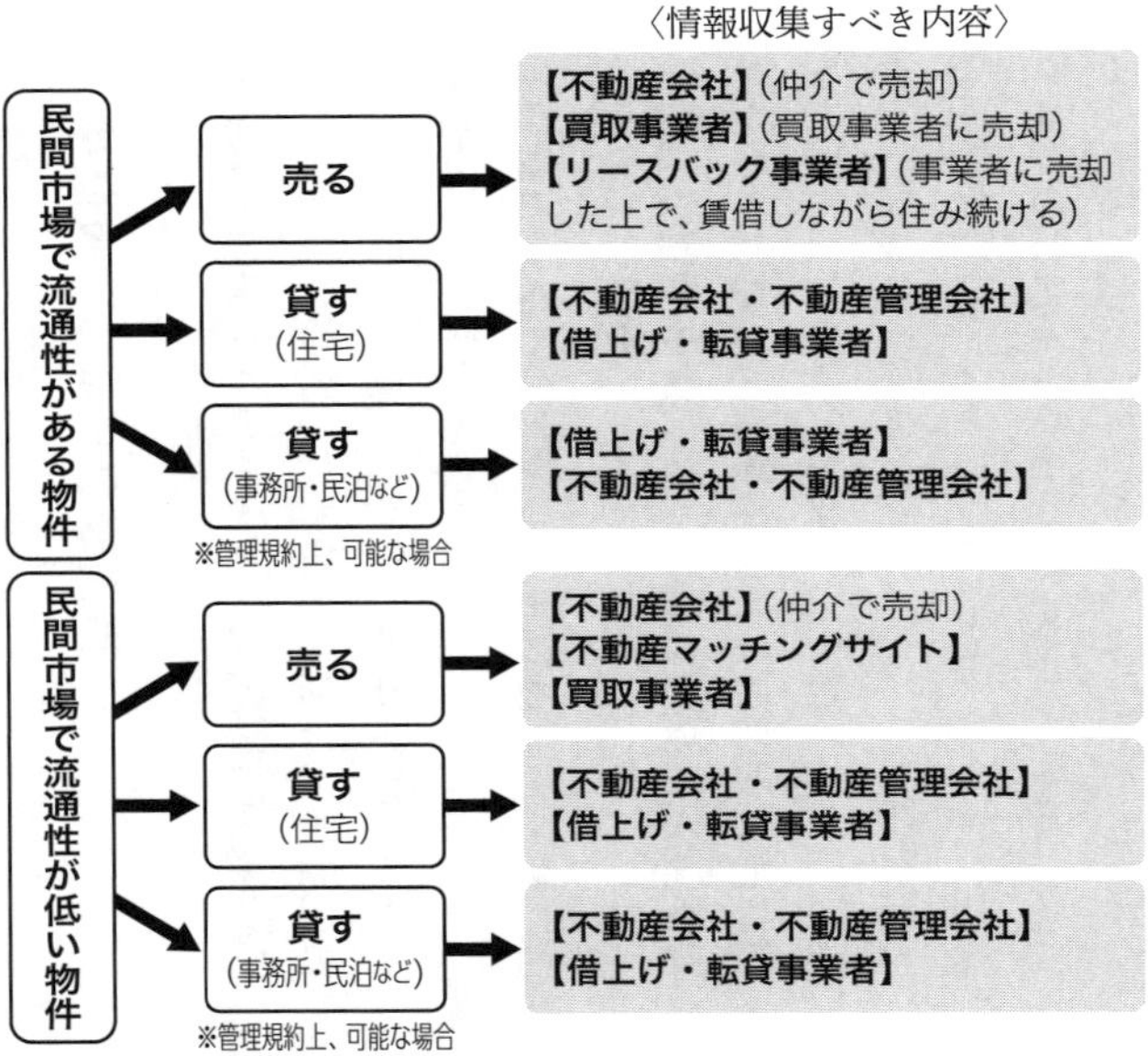

図表5-2 住まいのトリアージ——マンションの場合

マンションを「売る」場合に情報収集すべき内容は、どのような不動産会社や買取事業者があるのか、買取事業者の買取金額はどの程度なのかなどです。民間市場で流通性が低い物件は、不動産マッチングサイトの利用なども考えておく必要があります。

次に、マンションを「貸す」場合に情報収集すべき内容は、マンション住戸の賃貸業務を扱う不動産会社・不動産管理会社や、借上げ・転貸事業者としてどのような会社があるかなどです。それぞれの事業の仕組みや、入居者の募集・契約や家賃の改定・トラブルへの対応、入居・退去の際の対応、物件の管理など、どのような契約内容になるのかも調べておくとよいでしょう。近年、マンションの住戸を借り上げ、リノベーション後に転貸する事業を手掛ける民間事業者も増えつつあるので、情報を収集しておきましょう。

また、マンションを住宅以外の用途で「貸す」場合、一般的なマンションでは、管理規約で、専有部分の用途として住居専用規定や民泊禁止規定がある場合が多くなっています。そのため、事務所や民泊等に住戸を「貸す」ことができるか、最新の管理規約や使用細則を確認する必要があります。

マンション住戸を「リースバック」する

マンション住戸の終活の新たな選択肢として可能性があるのが「**リースバック**」です。「リースバック」とは、所有する自宅を事業者に売却したうえで、事業者等に家賃を支払い、引き続き、その家に住むという手法です。事業者は、賃貸人が退去した後、その住戸をリノベーションをして再販する仕組みで、近年、参入する事業者が増えています。[*1]

インターネットで「リースバック」を検索すると、住宅ローンの返済が困難になった場合の方法として出てきますが、例えば数年後に、高齢者施設への入居や子供世帯との同居が決まっており、築年数が少しでも浅い時に売却することで将来的な売却リスクを回避したい、相続が発生する前に現金化しておきたい場合などの利用も考えられます。

また、将来、相続する予定の人が実家のマンションを売る・貸すといったことで悩まないで済むというメリットもあります。ただし、同じ「リースバック」でも、取り扱う物件等の条件や賃貸契約の方法などが事業者によって異なるため、想定されるデメリットなども含めて、事前に調べ、きちんと理解しておくことが重要です。

例えば、「あんしんリースバック」という商品を展開するスター・マイカ株式会社（東京都港区）に話を伺うと、これまで手掛けてきた中古マンションの買取再販事業の中で、「ご高齢の方々を中心とした様々なお客様から、自宅マンションを売却して資金化しながらも、そのマンションに長く住まわせてほしい」という声が多く、10年以上も前からリースバックサービスを行っていました。

こうした実績をもとに、２０１７年12月、「あんしんリースバック」という商品として一般向けに広報したところ、反響が大きく、契約実績が増えているそうです。スター・マイカでは、各物件や賃借人（元所有者）の状況にもよりますが、賃貸借期間を柔軟に設定したり、賃貸借契約の更新に応じることで、賃借人（元所有者）が住み慣れたマンションに安心して住み続けられるための対応を行っているそうです。

こうしたリースバックの手法は、都市政策として見た場合にも、老朽化したマンションの建て替えや敷地売却への支援策として応用できる可能性があります。例えば、公的機関が民間事業者等と連携し、「リースバック」の手法を使いながら区分所有者の数を減らし、将来的な合意形成をしやすくしていくことなどが考えられます。

民間市場で流通性が低いマンションを「売る」「貸す」場合

民間市場で流通性が低いマンションの問題点としては、立地が悪くて古い、管理状態が著しく悪い、管理費等の滞納が積み上がっている、老朽化したリゾートマンションのように管理費・修繕積立金などの保有コストが高いなどが挙げられます。

こうした物件を「売る」場合に情報収集すべき内容としては、①低額物件の売買を取り扱ってくれそうな不動産会社はあるか、②買取再販事業者が対応してくれる可能性はないか、③不動産マッチングサイトで自ら買い手を見つけることができそうか、④同じマンション内で子供世帯の住戸を探している人がいないかなどがあり、多方面のネットワークを駆使して、様々な方向から選択肢を考えておく必要があります。また、「貸す」場合も同様に、低額な賃料でもきちんと取り扱ってくれる不動産会社や不動産管理会社、借上げ・転貸事業者がないかを探しておくことも重要になります。

今後、築年数が50年を超える老いたマンションが急増していくことから、相続発生時、固定資産税だけでなく、毎月の管理費などの保有コストが高くなるため、売れる見込みがなく、相続人が全員、相続放棄するという可能性があります。マンションは、「共同」住宅なので、一つの住戸だけで、解体や建て替えはできません。また、住戸が全て空き住戸にならない限り、空家法の対象にならないため、市町村の関与はほとんど期待できません。マンションの相続放棄は第2章で述べたとおり、老朽マンションで深刻な問題に発展しかねないため、今後、マンションの終末期への公的な対応策は必要不可欠でしょう。

5・「住まいの終活」への支援策の提言

日本では、まだ団塊世代の相続が大量に発生していないため、非常に長い時間はかかりますが、今後、一人ひとりの相続の機会＝「住まいの終活」と連携させながら、現段階から人口減少時代に対応しうる土地利用へと緩やかに転換していくことが重要です。

ただ、「住まいの終活」の観点から突き詰めて考えていくと、一人ひとりの力ではどうしようもない問題もいろいろと見えてきました。

最後に、「住まいの終活」への支援策の提言をして、筆を擱《お》きたいと思います。

「使える」土地にするための解体促進策

まず、住まいの終活で問題なのは、その土地の売却先や使い道が決まらない限り、解体する方向になかなか向かわず、その結果、問題先送り空き家を増やしている点です。

大量の空き家予備軍が控え、かつ、住宅としての需要が減少していく時代には、「使わない」「使えない」住まいを解体し、「使える」土地にするための解体促進策の充実が必須です。

現在、住宅が建っている土地（住宅用地）には、固定資産税の軽減措置があります。税法上の解釈はさておき、実態上、空き家でも住宅が建っているために、固定資産税は軽減されたままになっています。相続が発生して、空き家を解体するとなると、解体費が必要になるだけでなく、土地の固定資産税の軽減措置がなくなり、保有コストが高くなるため、とりあえず置いておく人が多いという原因の一つにもなっています。

そこで、住宅用地の固定資産税の軽減措置の見直しが論点になってきます。

ただ、そうは言っても、実は、非常に難しいのも事実です。

見直しの方向性としてはまず、空き家なのだから、固定資産税は、住宅用地の軽減措置を外して元の税額に戻すことが考えられます。確かに、特定空家等だけではなく、空き家の場合にも軽減措置を解除すれば、税額が3～4倍になるため、空き家の減少が期待できます。しかし、個々の住まいが空き家かどうか、居住の有無を自治体が毎年判断するのは莫大な手間や経費がかかり困難です。住民票を利用するとしても、住民票を移さず高齢者施設等に入居している場合もあり、正確に判断することが困難です。

逆に、実態上は、どうせ空き家でも固定資産税は住宅用地の軽減措置のままなのだから、空き家が放置されるよりも解体してもらったほうがいいということで、解体後の土地も一定期間猶予を設けて住宅用地の軽減措置を適用したままにしておく方向性も考えられます。しかしこれでは、空き家を解体しなくても税額は変わらないため、解体へ向かうインセンティブにはならない可能性があります。

解体費の税控除があってもよい

このように、非常に悩ましい問題ですが、結局、将来の税負担を増やしてしまうリスクが高いのですから、例えば、空き家を解体した後の土地も一定期間の猶予を設けて住宅用地の軽減措置を適用したままにしておくことに加えて、相続等が発生後、一定期間に解体する場合に限り、解体費の減税措置を可能にするような合わせ技が考えられます。

現在、マイホーム（居住用財産）を売った時や、被相続人の居住用財産（空き家等）[*2]を売った時に、一定の要件を満たせば、譲渡所得の金額から最高3000万円まで控除することができる特例があります。その際、一定の要件を満たせば、解体費も「譲渡費用」として譲渡所得から差し引くことができます。

しかし、問題なのは、これは**「売れた場合」にしか適用されない**という点です。つまり、近隣に迷惑がかかるから、あるいは、更地にしたほうが売りやすくなるから、ということで相続した家を解体しても、一般的に、その解体費は、家事費（個人的な支出）という扱いとなり、何の減税措置もありません。(6)

「使わない」「使えない」住まいは、所有者等の費用で解体へ向かうことに力点を置く時期が到来しています。そのためには、特に、譲渡（＝売れた）段階だけではなく、相続した住宅を解体する段階でも、解体費に対する何らかの減税措置が必要です。

こうした「使える」土地にするための解体支援策は、解体されずに放置された空き家が地域内で増えていくよりも、解体後の土地に住宅を建てられるようになることで、新たな世帯の流入にもつながり、住宅市場や地域経済の活性化にも寄与するはずです。

民間市場の流通性が低いエリアをどうするか

大都市圏や地方の中核的な都市など、民間市場の流通性があるエリアでは、所有者や関係者が「住まいの終活」に尽力すれば、売却先や賃貸先が見つかる可能性はあるでしょう。

しかし、民間市場で流通性が低いエリアでは、特定の地域での先進的な取り組みはあるものの、残念ながら全国的に一般化しているという状況ではありません。そして、問題なのは、民間市場で流通性が低いエリアについて、どのような土地利用にしていくのかといった将来ビジョンや、そのための担い手・支援策が非常に乏しいという点です。

私としては、本書で紹介したデトロイトや空き家トリアージの調査結果を踏まえると、近い将来、民間市場の流通性が低いエリアは、まち全体の維持・管理コストを縮減しながら、**それぞれの地域を他とは違う魅力をもったエリアに再編していく、いわば、それぞれの地域の個性**（キャラ）**が立った土地利用へと誘導できるか**が鍵になると考えます。

具体的には、誰も引き継ぎ手がいない空き家は解体し、その跡地を隣の住民に低額、あるいは無償で譲渡し、家庭菜園や駐車場にしたり、2つの敷地を統合（二戸一化《にこいち》）してより広いオフィス付き住宅やシェアオフィスへと建て替える用地にしたり、コミュニティガーデン、緑地、樹林地などの「グリーンインフラ」[*3]への転換を進めたりと、他の地域との差別化を重視し、都会とは異なるライフスタイルを提供できる地域へと転換していくのです。

そのためには、緑豊かでゆとりある住環境へと区画を再編するエリアは、市町村が都市計画として重点地区（例えば、「区画再編推進地区」など）を指定し、一定の要件を設けたうえで、地区内に限り、開発・用途規制の緩和や税制等の優遇措置を可能とするなどの支援策も考えられます。特に、重点地区では、隣地譲渡の際の譲渡税や贈与税の軽減・免除や、区画再編を目的とする場合に解体費の補助が受けられるなど、住まいの終活を進めようという人たちにメリットがある形にすることが重要になります。

ただし、こうした重点地区を指定する際は、地域住民等の発意や提案を市町村が受け止める仕組みづくりも含め、きめ細かな合意形成プロセスが求められるでしょう。

地域に根差したコーディネート組織への支援

相続や住み替えは、時期も場所もランダムに発生するため、解体後の空き地を暫定的に保有する受け皿や、専門的観点から住まいのトリアージを行い、建物や土地の使い道を掘り起こし、所有者との橋渡しやマッチングを行うコーディネート組織（まちづくりNPO法人や公的・公益的な組織等）が重要になってきます。そのため、こうした地域に根差したコーディネート組織への支援策を充実させることが必要です。

例えば、市町村が認定したコーディネート組織が、重点地区内で所有者等から土地の無償譲渡（寄付）を受けて暫定的に保有する場合、贈与税等の軽減・免除や、非営利部分を伴う活動は法人税の減免などがあるといった支援策が考えられます。

国もすでに、空き地・空き家等の発生で都市がスカスカしていくことによる都市問題（都市のスポンジ化）への対策として、2018年7月、都市再生特別措置法を改正するなど、取り組みをスタートさせています。

一例として、民間のまちづくりの担い手（市町村長が都市再生推進法人として指定）の業務に、低未利用地を一時的に保有し、利用希望者が現れたときに引き継ぐためのランドバンク的な機能を追加しており、こうした取り組みを行う場合の税制上の優遇措置も盛り込まれています。これは、便利な立地なのに「使われない」「使えない」状態の土地を集約したり、区画の再編に向けたコーディネートを担う組織を支援するという取り組みです。

そのため、これらの支援策は、市町村が立地適正化計画[*4]で公共施設や病院などの都市機能や居住機能の誘導を目指すまちなかに限定されています。今後は、こうした支援策を民間市場の流通性が低いエリアへと応用していくことも検討すべきでしょう。

低額物件を扱う担い手づくり

ただ、全国的に見ると、コーディネート組織自体がないところが多いのが現状です。

近年、市町村による空き家バンクへの取り組みが多く見られますが、不動産についてはほぼ素人の公務員が担当するより、せっかく不動産仲介のプロである不動産業者が各地域にいるのですから、ボランティアではなく、「業」としてコーディネーター役を担ってもらうことが可能かどうかも検討の余地があると思います。

もし、民間市場の流通性が低い物件でも、仲介手数料でそれなりに「業」として成り立つのであれば、地元の不動産業者が機能していないエリアでも、不動産関係の業務経験のあるリタイアメント世代や宅地建物取引士の資格を取得した若者が、UターンやIターンして起業し、まちづくりの担い手として活躍することも可能になります。そのためには、低額物件の仲介手数料をさらにもう一歩、工夫することが必要でしょう。

国も、400万円以下の低額物件の仲介手数料は、2018年1月に見直しをしています。例えば、200万円の物件であれば、見直し前は、売り主から受け取れる仲介手数料の上限は10万円（税抜き）でしたが、この見直しにより、仲介手数料は、通常の売買の仲介に加えて現地調査等の費用を要するものについては、最大で18万円（税抜き）とすることができるなど、一歩前進しました。

しかし、**仲介手数料は売買契約が「成立」して初めてもらえるもの**なので、不動産業者から見ると、売買が成立しない限り、物件の調査や現地案内にかかる経費を全て背負うことになり、民間市場で流通性が低い低額物件の仲介はどうしても敬遠されています。

本書で紹介した低額物件に対する取り組みに共通しているのが、売買成立までの段階と売買成立後の段階で関与する担い手が異なっているという点です。具体的には、売買の成立の目途がたつところまでは、売り手・空き家バンク・NPO法人が担い、契約段階になってから宅建業者が関与しています。

こうした取り組みに着目すると、低額物件については、仲介手数料として受け取れる上限金額を見直すとともに、「物件調査・レインズ（不動産流通標準情報システム）[*5]などへの登録業務」「現地案内等の営業業務」「売買成立後の契約業務」と業務内容ごとに費用を分けて徴取できるように仕組みを改善するなど、まだまだ工夫の余地はあると思います。

ただし、この場合、売り手の費用負担は増えてしまいます。しかし、使う予定のない空き家・空き地のまま、保有し続ける長期的な費用面・精神面の負担を考えると、決してデメリットにはならないはずです。

もちろん、地元の不動産業者の質も千差万別ですが、少なくとも、これまでサポートしてくれるところがなかなか見つからず困っていた**売り手が安心して**住まいの終活を進めるための支援策を充実させることは必要不可欠だと思います。

みんなで負担を分かち合う社会へ

たとえ、住まいの終活が一般に定着したとしても、一定数は、個人の力だけではどうしようもないケースが出てきます。所有者による所有・管理等が困難な土地の公的な受け皿組織については、2018年6月から、今後の法制度の改正に向けて、「所有者不明土地問題研究会Ⅱ」（座長・増田寛也氏）において議論がスタートしています。

本書で述べてきたとおり、相続人全員から相続放棄された、所有者多数で管理放棄された、土砂災害などのリスクが高く居住に適さないなど、個人の力ではどうしようもできない土地・空き家への対応には、アメリカのランドバンクのような公的な機関が必要です。「住まいの終活」の観点から、日本版ランドバンクに期待したい機能は、国土管理として保有・管理していく「受け皿機能」だけでなく、法的に一筋縄では使えない土地を使える土地の状態に戻す「リユース機能」です。

そして、日本版ランドバンクの「リユース機能」によって「使える」状態に戻った土地は、民間の不動産事業者等や前述の地域に根差したコーディネート組織と連携し、責任ある所有者・利用者へと引き継いでいくことが重要になります。なお、「リユース機能」は、法律や不動産に関する高い専門性が必要となるため、数年で異動となる公務員による組織では実効性が上がらないことが懸念されることにも留意すべきでしょう。

また、全国的に災害が多発している現状では、防災・減災の観点からも、**土砂災害などのリスクが高く居住に適さない土地では、計画的に土地利用を止めていく**ことも必要です。

そのため、相続や住み替えの機会をとらえて、ランドバンクがこうした災害リスクの高い土地の寄付を受けとる「受け皿機能」となることも考えられます。

長期的に見ると、人命だけでなく、トータルの災害対応のための公共投資が削減できる可能性もあり、一つの選択肢として検討の余地はあると思います。

ただし、こうした「使えない」「維持管理にコストがかかる」土地を公的な機関が保有し、管理し続けるということは、私たちの税金を投入するということに他ならず、今後、こうした税負担が増えていくことを意味しています。

今あるまちを、将来世代が使いたいときに使えるような身綺麗な状態でバトンタッチできるようにするためには、「住まいの終活」に取り組むことに加え、国土全体の保全や管理に必要となる負担を「みんなで分かち合う覚悟」が必要不可欠なのです。

第5章補注

＊1　元所有者が買い戻しをする場合や再販先として、不動産ファンドや投資家へ売却する会社もある。

＊2　相続人の居住用財産（空き家）に係る譲渡所得の特別控除の特例は、期限付きの特例措置となっており、現時点では、「相続日から起算して3年を経過する日の属する年の12月31日まで、かつ、特例の適用期間である平成28年4月1日から平成31年12月31日までに譲渡すること」が条件となっている。

＊3　「グリーンインフラ」とは、近年、欧米を中心に取り組みが進められている、緑を見て楽しむというだけでなく、緑が元来持っている多様な機能や仕組みを活用して、雨水管理、生物多様性保全、低炭素社会、防災・減災などの

観点から、緑地、都市農地、コミュニティガーデンなどを戦略的に計画・整備しようという社会資本整備手法の概念である。なお、グリーンインフラの導入目的や対象は各国で異なっており、アメリカでは雨水管理機能、ＥＵでは生物多様性保全や緑のネットワークの形成が主な目的になっている。

*4　立地適正化計画は、平成26年8月の都市再生特別措置法の改正時に創設された都市計画の制度で、都市機能や居住の誘導と公共交通の充実による「コンパクトシティ・プラス・ネットワーク」のまちづくりを推進するために、市町村が必要に応じて策定する計画「都市機能誘導区域」や「居住誘導区域」を定めなければならないとされている。国土交通省によると、２０１８年8月31日時点で、４２０都市が立地適正化計画の取り組みを行っている。

*5　国土交通大臣から指定を受けた不動産流通機構が運営しているレインズとは、Real Estate Information Network System（不動産流通標準情報システム）の略称。会員不動産会社が不動産情報を受け取ったり、情報提供・情報交換を行うシステム。不動産を売る際、専属専任媒介契約、又は専任媒介契約を締結した物件は、不動産会社はレインズに登録し、積極的に取引の相手を探すことが義務付けられている。

第５章引用文献

（1）リフォーム産業新聞「買取再販年間販売戸数ランキング、マンション1位はベストランド」１２７８号（２０１７年8月29日発行）

（2）リフォーム産業新聞「優良ストック住宅推進協議会、『スムストック』の流通数拡大」１３２９号（２０１８年9月17日発行）、及び「スムストックレポート２０１７」優良ストック住宅推進協議会主催（２０１７年2月20日）

（3）農地活用・遊休地活用ならアグリメディア「農地・遊休地活用」サイト https://tochikatsu-hatake.com/

（4）原田陽子・椿翠「福井市市街化区域における空き地の菜園利用の分布特性と利用実態―人口減少期における空き地の活用可能性に関する研究―」都市計画論文集 Vol.53-1、２０１８年4月、公益社団法人日本都市計画学会

（5）国土交通省報道発表資料「全国の空き家・空き地情報がワンストップで検索可能となります！」（２０１７年10月31日）

（6）森重良二「建物の取壊し費用の所得税法上の取扱いについて―取壊し目的と必要経費性との関係を中心として―」、税務大学校論叢第90号、２０１７年6月

おわりに

私が専門とする都市計画は、基本的に、新しく建物を「つくる」ときになって初めてコントロールできる仕組みとなっています。つまり、持続的な更新を目指そうにも、所有者が土地や建物を「使わない」、あるいは所有者が多数いたり不明だったりして「使いたいけど使えない」という状況に対して、本当に無力なのです。

ですので、私自身も、都市計画や住宅政策として、いくら素晴らしいマスタープランや制度をつくっても、「実効性が上がらないよね……」と、ちょっと後ろ向きな気持ちを抱いてしまうこともあります（こんなことを言って、すみません！）。

このまま、これまで整備してきたまちで「使わない」「使いたいけど使えない」状況が蔓延すれば、「老いる家　崩れる街」が現実化してしまいます。「根本的な方策として何が必要なのだろうか？」と悩んだ私は、住まいの終活という「点」の視点から、都市・まちという「面」の今後を考えるべきではないか、と思いいたりました。

ですから、「老いた家」でも一人ひとりが「住まいの終活」をきちんとしていけば、「街は衰えません！」という思いをタイトルに込めています。

是非、本書をきっかけに、「住まいの終活」への第一歩を踏み出してください。そして、いずれ、「住まいの終活」が「日本の常識」になることを心より願っています。

本書は、地域で空き家問題の解決に尽力されている本当に多くの方々からの多大なご協力がなければ、書きあげることは絶対にできませんでした。

特に、様々な空き家問題の現場に触れる機会を下さった埼玉県毛呂山町の皆様をはじめ、神戸市・江津市・田辺市・波子町（江津市）・福島市・前橋市・横須賀市の皆様、NPO法人空き家コンシェルジュ、みなとアセットマネジメント株式会社、はなみずき法律事務所、東京弁護士会弁護士業務改革委員会マンション部会、静岡文化芸術大学の藤井康幸教授、東洋大学毛呂山プロジェクトのメンバーには、多様な観点からご教示やご協力を賜りました。また、「住まいの終活ノート」をまとめるにあたっては、不動産鑑定評価・不動産調査を専門とする株式会社三友システムアプレイザルの皆様にご協力を頂きました。

ここに、謹んで感謝の意を表します。

さいごに、前回に引き続き、編集担当として常に的確なアドバイスをしながら伴走してくださった米沢勇基氏には、感謝の言葉しかありません。新書なのに、「住まいの終活ノート」を付録にしたい！　という私の思いを実現させるべく、前代未聞（？）のチャレンジをしてくださった講談社現代新書の青木肇編集長と米沢氏に、心よりお礼申し上げます。

参考文献

第1章

中川寛子『解決！空き家問題』、２０１５年11月、筑摩書房

米山秀隆『捨てられる土地と家』、２０１８年7月、ウェッジ

北村喜宣・米山秀隆・岡田博史編『空き家対策の実務』、２０１６年3月、有斐閣

北村喜宣『空き家問題解決のための政策法務　法施行後の現状と対策』、２０１８年1月、第一法規

米山秀隆『空き家（マンション）対策の自治体政策体系化』、２０１５年2月、地域科学研究会

服部真和監修『入門図解　実家の空き家をめぐる法律問題と対策実践マニュアル』、２０１７年6月、三修社

日本司法書士会連合会編著『Q&A　空き家に関する法律相談』、２０１７年7月、日本加除出版

長谷川学・宮内康二『成年後見制度の闇』、２０１８年3月、飛鳥新社

ひろさちや『終活なんておやめなさい』、２０１４年6月、青春出版社

藤戸康雄『「負動産」時代の危ない実家相続』、２０１７年11月、時事通信社

山口育代・夏山宗平・芝清隆、SkyLimited 税理士法人編『家族を困らせないための相続対策ガイドブック』、２０１５年8月、同文舘出版

第2章

我妻榮・唄孝一『判例コンメンタールⅧ　相續法』、１９６６年4月、日本評論社

中川淳「第4章　相続の承認及び放棄」、『相続法逐条解説（中巻）』１９９０年10月、日本加除出版

犬伏由子「第4章第3節　相続の放棄」、谷口知平・久貴忠彦編『新版　注釈民法（27）相続（2）〔補訂版〕』、２０１３年12月、有斐閣

谷口知平・久貴忠彦編『新版　注釈民法（27）相続（2）〔補訂版〕』、２０１３年12月、有斐閣

松川正毅・窪田充見編『別冊法学セミナーno.２４５　新基本法コンメンタール　相続　民法第８８２条～第１０４４条』、２０１６年12月、日本評論社

正影秀明『相続財産管理人、不在者財産管理人に関する実務』、２０１８年4月、日本加除出版

椎葉基史『「相続放棄」が分かる本』、２０１８年2月、ポプラ社

碓井孝介『自分でする相続放棄』、２０１７年5月、日本加除出版

川口市空家問題対策プロジェクトチーム「所有者所在不明・相続人不存在の空家対応マニュアル～財産管理人制度の利用の手引き～」、２０１７年3月

山野目章夫『ストーリーに学ぶ　所有者不明土地の論点』、２０１８年6月、商事法務

吉原祥子『人口減少時代の土地問題』、２０１７年7月、中央公論新社

松原昌洙『相続の落とし穴！共有名義不動産』、２０１８年6月、合同フォレスト

相続手続支援センター編『家族が困らないために！ 亡くなる前にやっておきたい手続きと対策』、２０１８年６月、ビジネス教育出版社
加藤雅信「急増する所有者不明の土地と、国土の有効利用―立法提案『国土有効利用の促進に関する法律』」、『星野英一先生追悼 日本民法学の新たな時代』、２０１５年10月、有斐閣
高村学人「土地・建物の過少利用問題とアンチ・コモンズ論―デトロイト市のランドバンクによる所有権整理を題材に」、『論究ジュリスト』15号、２０１５年11月、有斐閣
吉田克己「都市縮小時代の土地所有権」、『土地総合研究』第23巻第2号（２０１５年春）、土地総合研究所
吉田克己「序論：人口減少社会における土地の管理不全防止を目指す制度構築への基本的視点」、『土地総合研究』第26巻第3号（２０１８年夏）、土地総合研究所
吉田克己「土地所有権放棄・相続放棄と公的主体による土地の受入れ」、『土地総合研究』第26巻第3号（２０１８年夏）、土地総合研究所
小西飛鳥「相続財産制度の管理に関する提言」、『土地総合研究』第26巻第3号（２０１８年夏）、土地総合研究所
木棚照一『国際相続法の研究』、１９９５年2月、有斐閣
田處博之「土地所有権は放棄できるか―ドイツ法を参考に」、『論究ジュリスト』15号、２０１５年11月、有斐閣
佐藤康之「空き家問題の法的概況」、『住宅』第７２９号、２０１８年5月、日本住宅協会

第３章

藤井康幸「米国におけるランドバンクによる空き家・空き地問題対処に関する研究」、博士論文（東京大学）、２０１６年12月
人口減少都市シンポジウム２０１８「Shrinking Cities in Eastern Asia―東アジアの人口減少都市」資料、２０１８年6月15日（東京大学）
黒瀬武史「米国の人口減少都市の対応―Detroit 市・Cleveland 市の事例」、シュリンキングシティ日米研究交流セミナー名古屋２０１８資料、２０１８年9月22日（名城大学）
矢吹剣一「米国の人口減少都市の対応―Youngstown 市・Flint 市の事例」、シュリンキングシティ日米研究交流セミナー名古屋２０１８資料、２０１８年9月22日（名城大学）
石田光曠・平野次郎・村上毅「提言『時代に合致した不動産所有のカタチと制度』」、２０１８年2月、日本司法書士会連合会 司法書士総合研究所 業務開発研究部会
米山秀隆編著、小林正典・室田昌子・小柳春一郎・倉橋透・周藤利一著『世界の空き家対策』、２０１８年9月、学芸出版社
Detroit Blight Removal Task Force Plan "Every Neighborhood Has A Future... And It Doesn't Include Blight", 2nd Printing:June 2014
Frank S. Alexander "Land Banks and Land Banking", Center for COMMUNITY PROGRESS, June 2011
"Revitalizing Foreclosed Properties with Land Banks", U.S. Department of Housing and Urban Development, Office of Policy Development and Research, August 2009
Detroit Future City "Achieving an Integrated Open Space Network in Detroit" April 2016
Detroit Future city "139 SQUARE MILES", August 2017
Jerald A. Mitchell "A Walking Tour in the Boston-Edison Historic District", Historic Boston-Edison Association

第5章

島憲之「横須賀市の空き家対策の現場から〜地域コミュニティと協働で推進する空き家対策の状況と現場感覚での問題考察〜」、『住宅』第７２９号、２０１８年5月、日本住宅協会
阿部俊夫「現場からの報告／ＮＰＯつるおかランド・バンクの取り組み〜中心市街地の空き家・空き地の連鎖的再生を目指す専門家プロボノ集団〜」、『住宅』第７２９号、２０１８年5月、日本住宅協会
国土計画協会「所有者不明土地問題研究会Ⅱ」第１回研究会（２０１８年6月25日）・第2回研究会（２０１８年10月1日）の配布資料
金融財政事情研究会「登記制度・土地所有権の在り方等に関する研究会」第1回（２０１７年10月2日）〜第11回（２０１８年10月１日）の資料
山野目章夫・増田寛也・片山健也・吉原祥子「所有者不明土地問題を考える—政策動向と今後の論点を専門家が議論」、第１１２回東京財団政策研究所フォーラム、２０１８年7月17日
『建築の終活を考える』、２０１７年日本建築学会大会（中国）建築社会システム部門研究協議会資料、日本建築学会建築社会システム委員会、２０１７年8月
中山聡『新訂　闘う！空き家術』、２０１７年11月、プラチナ出版
親の家を片づける編集部編『ネットではわからない　親の家問題の片づけ方』、２０１８年8月、主婦の友社
大久保恭子『ネットではわからない　空き家問題の片づけ方』、２０１８年8月、主婦の友社
斎藤智明『不動産屋が儲かる本当の理由としくみ』、２０１７年7月、ぱる出版
前田政登己『「困った空き家」を「生きた資産」に変える20の方法』、２０１７年5月、ザメディアジョン
加藤ひろゆき『草むらを更地にするだけで高収益　激安！「空き地」投資』、２０１８年8月、ダイヤモンド社
千葉利宏『実家のたたみ方』、２０１４年4月、翔泳社
高橋正典『実家の処分で困らないために今すぐ知っておきたいこと』、２０１５年10月、かんき出版
大久保恭子『どうする？親の家の空き家問題』、２０１５年7月、主婦の友社
長谷川裕雅『老後をリッチにする家じまい』、２０１７年10月、イースト・プレス
長谷川裕雅・佐々木悦子『だれも継がない困った実家のたたみ方　家・土地・お墓』、２０１５年10月、家の光協会
与良秀雄『35問35答空き家譲渡の3,000万控除の特例　早わかり』、２０１７年2月、大蔵財務協会
濱中将樹「人口減少時代におけるグリーンインフラの活用方策について」、名古屋都市センター研究報告書№１３１、２０１８年3月
国土交通省総合政策局環境政策課「グリーンインフラストラクチャー〜人と自然環境のより良い関係を目指して〜」、２０１７年3月
西田貴明「グリーンインフラとは何か」、『季刊　政策・経営研究』２０１７年、vol.1
United States Environmental Protection Agency "What is Green Infrastructure?"
https://www.epa.gov/green-infrastructure/what-green-infrastructure
European Commission "Green Infrastructure"
http://ec.europa.eu/environment/nature/ecosystems/index_en.htm

講談社現代新書　2504

老《お》いた家《いえ》　衰《おとろ》えぬ街《まち》　住《す》まいを終活《しゅうかつ》する

二〇一八年一二月二〇日第一刷発行　二〇一八年一二月二五日第二刷発行

著　者　野澤千絵《のざわちえ》

発行者　渡瀬昌彦
発行所　株式会社講談社
東京都文京区音羽二丁目一二—二一　郵便番号一一二—八〇〇一
電　話　〇三—五三九五—三五二一　編集（現代新書）
〇三—五三九五—四四一五　販売
〇三—五三九五—三六一五　業務
装幀者　中島英樹
印刷所　凸版印刷株式会社
製本所　株式会社国宝社
定価はカバーに表示してあります　Printed in Japan

N.D.C. 360　206p　18cm
ISBN978-4-06-514166-3

「講談社現代新書」の刊行にあたって

教養は万人が身をもって養い創造すべきものであって、一部の専門家の占有物として、ただ一方的に人々の手もとに配布され伝達されうるものではありません。

しかし、不幸にしてわが国の現状では、教養の重要な養いとなるべき書物は、ほとんど講壇からの天下りや単なる解説に終始し、知識技術を真剣に希求する青少年・学生・一般民衆の根本的な疑問や興味は、けっして十分に答えられ、解きほぐされ、手引きされることがありません。万人の内奥から発した真正の教養への芽ばえが、こうして放置され、むなしく滅びさる運命にゆだねられているのです。

このことは、中・高校だけで教育をおわる人々の成長をはばんでいるだけでなく、大学に進んだり、インテリと目されたりする人々の精神力の健康さえもむしばみ、わが国の文化の実質をまことに脆弱なものにしています。単なる博識以上の根強い思索力・判断力、および確かな技術にささえられた教養を必要とする日本の将来にとって、これは真剣に憂慮されなければならない事態であるといわなければなりません。

わたしたちの「講談社現代新書」は、この事態の克服を意図して計画されたものです。これによってわたしたちは、講壇からの天下りでもなく、単なる解説書でもない、もっぱら万人の魂に生ずる初発的かつ根本的な問題をとらえ、掘り起こし、手引きし、しかも最新の知識への展望を万人に確立させる書物を、新しく世の中に送り出したいと念願しています。

わたしたちは、創業以来民衆を対象とする啓蒙の仕事に専心してきた講談社にとって、これこそもっともふさわしい課題であり、伝統ある出版社としての義務でもあると考えているのです。

一九六四年四月　野間省一